soupes & veloutés

carnet de cuisine

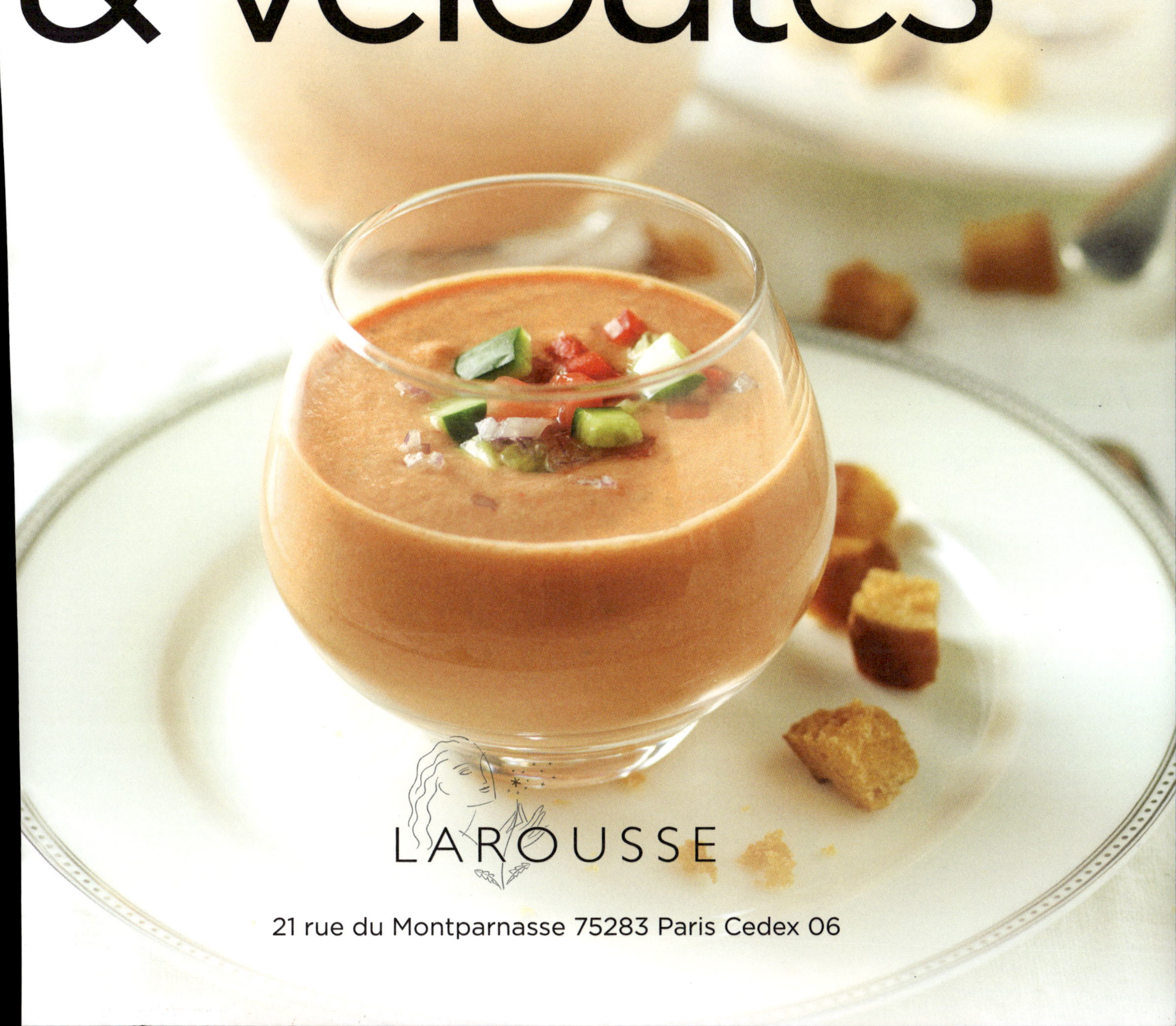

LAROUSSE

21 rue du Montparnasse 75283 Paris Cedex 06

Édition originale
Cet ouvrage a été publié pour la première fois
en 2013 sous le titre *Soups* par McRae Publishing Ltd.

Édition : Anne McRae
Direction artistique : Marco Nardi
Photographies : Brent Parker Jones
Textes : Mark Hockenhull

Édition originale
Direction éditoriale : Catherine Maillet
Édition : Coralie Benoit
Traduction : Valérie Feugeas
Réalisation : Belle Page, Paris
Couverture : Claire Morel Fatio

ISBN : 978-2-03-589027-6
Dépôt légal : septembre 2013
Imprimé en Chine

Sommaire

Bon appétit !

Quoi de plus réconfortant qu'un bon bol de soupe fumante ? Cet ouvrage réunit 100 délicieuses recettes de soupes pour toutes les occasions : entrée, plat principal ou dessert. Leur niveau de difficulté est indiqué en tête de chaque recette par les chiffres 1 (pour les plus simples), 2 (pour les moyennement faciles) et 3 (pour les plus élaborées). Les recettes ci-dessous ont été sélectionnées spécialement pour vous mettre l'eau à la bouche !

LES SIMPLISSIMES

8

Soupe TOMATES & MOULES

19

Potage TORTELLINIS & FINES HERBES

37

Velouté de tomates au BASILIC

78

Soupe BŒUF, PETIT ÉPEAUTRE & LÉGUMES

103

Soupe PÊCHES & RAISINS

38

Soupe de maïs au POULET

76

Soupe POIS CASSÉS & PETIT ÉPEAUTRE

101

Chowder de FRUITS DE MER

104

Soupe glacée aux FRUITS ROUGES

LES PLUS LÉGÈRES

60

Soupe indienne aux LENTILLES

LES TRADITIONNELLES

MINESTRONE — 90

Velouté de CHAMPIGNONS — 31

Soupe à l'OIGNON — 92

Tom yum au POULET — 97

Bisque de CREVETTES — 100

NOS COUPS DE CŒUR

Soupe de nouilles CITRONNELLE & BŒUF — 27

Soupe CHORIZO, TOMATES & ŒUFS — 70

Soupe BOULETTES D'AGNEAU & CHOU — 59

Pho au BŒUF — 98

Crème anglaise aux COOKIES — 111

VOICI LE PALMARÈS DE NOS MEILLEURES SOUPES !

Soupe thaïe CURRY ROUGE & CREVETTES — 15

Velouté de panais au CURRY — 32

GASPACHO — 48

Soupe de pois au JARRET DE PORC — 85

Consommé glacé à la RHUBARBE — 105

Soupes de tous les jours

Soupe de nouilles PORC & CRESSON

7

- 1,5 l de bouillon de volaille (voir la recette p. 117) ou d'eau
- 1 tige de citronnelle de 10 cm
- 1 morceau de gingembre de 2,5 cm
- 4 gousses d'ail
- 3 feuilles de citron vert
- 750 g de filet de porc
- 1 gros piment rouge
- 2 cuill. à café de curry en poudre
- 250 g de nouilles chinoises aux œufs
- Sel et poivre du moulin

Pour servir

- 1 bouquet de cresson
- Quelques feuilles de menthe

Pour 4 à 6 personnes • Préparation : 15 min • Cuisson : 35 à 40 min • Difficulté : 1

1. Versez le bouillon de volaille dans un fait-tout. Écrasez la tige de citronnelle, pelez le gingembre et l'ail, puis ajoutez le tout au bouillon avec les feuilles de citron vert. Portez à ébullition, puis baissez le feu et laissez mijoter 15 minutes. Ajoutez le filet de porc et laissez-le pocher de 12 à 15 minutes. Retirez-le et réservez.
2. Retirez et jetez les autres ingrédients du bouillon. Épépinez et hachez le piment rouge, puis ajoutez-le au bouillon avec le curry. Salez, poivrez et laissez mijoter 5 minutes.
3. Faites cuire les nouilles selon les instructions figurant sur l'emballage.
4. Répartissez les nouilles cuites dans quatre à six bols. Coupez le filet de porc en tranches fines, déposez-les sur les nouilles, puis arrosez chaque bol d'une louchée de bouillon. Parsemez le tout de cresson et de feuilles de menthe, puis servez.

Si cette recette vous plaît, vous aimerez aussi...

Soupe miso POULET & NOUILLES SOBA

Soupe thaïe CURRY ROUGE & CREVETTES

Potage asiatique BŒUF, RIZ & CHAMPIGNONS

Les moules que l'on achète chez le poissonnier sont généralement dessablées. Il vous faut encore les gratter et bien les rincer avant de les faire cuire.

Soupe TOMATES & MOULES

- 1 oignon rouge
- 3 gousses d'ail
- 3 cuill. à soupe d'huile d'olive vierge extra
- 1 kg de moules, rincées et ébarbées
- 25 cl de vin blanc
- 400 g de tomates en conserve, avec le jus
- 1 l de bouillon de poisson (voir la recette p. 113) ou d'eau
- 1 cuill. à soupe de basilic haché
- 1 cuill. à soupe d'origan haché
- 1 cuill. à soupe de persil plat haché
- Sel et poivre du moulin

Pour servir

- 1 baguette de pain

Pour 4 à 6 personnes • Préparation : 15 min • Cuisson : 30 min • Difficulté : 1

1. Pelez, puis hachez l'oignon et l'ail. Dans un fait-tout, faites chauffer l'huile d'olive à feu moyen, puis faites revenir l'oignon et l'ail 3 ou 4 minutes, jusqu'à ce qu'ils soient translucides. Salez et poivrez.
2. Augmentez à feu vif, ajoutez les moules et le vin blanc, puis couvrez le fait-tout. Laissez cuire les moules de 3 à 5 minutes, jusqu'à ce qu'elles s'ouvrent. Retirez-les du fait-tout et réservez-les.
3. Baissez le feu. Ajoutez les tomates et le bouillon de poisson, rectifiez l'assaisonnement et laissez mijoter 20 minutes. Retirez du feu, puis ajoutez les moules et les fines herbes.
4. Répartissez les moules dans quatre à six bols et arrosez-les de soupe. Servez aussitôt avec des tranches de baguette.

Si cette recette vous plaît, vous aimerez aussi...

Soupe thaïe CURRY ROUGE & CREVETTES

Potage épicé POISSON, TOMATES & SAFRAN

Consommé TOMATES, HARICOTS & CALMARS

Soupe de maïs au BACON

Pour 4 personnes • Préparation : 10 min •
Cuisson : 15 à 20 min • Difficulté : 1

- 1 oignon
- 6 tranches de bacon sans couenne
- 1 pomme de terre
- 1 cuill. à soupe d'huile végétale
- 75 cl de bouillon de volaille (voir la recette p. 117)
- 35 cl de lait
- 450 g de maïs en conserve
- Sel et poivre du moulin

Pour servir

- 2 cuill. à soupe de ciboulette ciselée

1. Pelez et hachez l'oignon. Hachez le bacon. Pelez la pomme de terre et coupez-la en dés. Dans un fait-tout, faites chauffer l'huile à feu moyen, ajoutez le bacon et faites-le revenir 3 ou 4 minutes, jusqu'à ce qu'il commence à dorer. Incorporez l'oignon et la pomme de terre, puis faites-les revenir 3 ou 4 minutes.
2. Versez le bouillon de volaille avec le lait dans le fait-tout. Portez à ébullition, puis laissez cuire 5 minutes à feu doux. Ajoutez le maïs et laissez mijoter jusqu'à ce qu'il soit chaud. Salez et poivrez.
3. Répartissez la soupe dans quatre bols, parsemez de ciboulette et servez.

Raviolis au BOUILLON DE BŒUF

Pour 4 à 6 personnes • Préparation : 5 min •
Cuisson : 3 à 5 min • Difficulté : 1

- 1,5 l de bouillon de bœuf (voir la recette p. 114)
- 350 g de raviolis frais aux épinards et à la ricotta

Pour servir

- Quelques feuilles de basilic

1. Versez le bouillon de bœuf dans un fait-tout de taille moyenne et portez à ébullition. Ajoutez les raviolis et faites-les cuire 2 ou 3 minutes, jusqu'à ce qu'ils soient al dente.
2. Répartissez le bouillon et les raviolis dans quatre à six bols, parsemez de basilic et servez.

Pastine au BOUILLON DE BŒUF

Pour 4 personnes • Préparation : 10 min •
Cuisson : 3 à 5 min • Difficulté : 1

- 1,5 l de bouillon de bœuf (voir la recette p. 114)
- 250 g de petites pâtes à potage

Pour servir

- 120 g de parmesan râpé

1. Versez le bouillon de bœuf dans un fait-tout et portez à ébullition. Ajoutez les pâtes et faites-les cuire al dente, selon les instructions figurant sur l'emballage.
2. Répartissez le potage dans quatre bols, parsemez de parmesan râpé et servez.

Soupe de Pâques ITALIENNE

Pour 4 à 6 personnes • Préparation : 15 min •
Cuisson : 15 min • Difficulté : 2

- 2 gousses d'ail
- 350 g de porc haché
- 4 gros œufs
- 5 cuill. à soupe de pecorino râpé
- 1 cuill. à soupe de persil plat haché
- 1 pincée de noix de muscade râpée
- 1,5 l de bouillon de bœuf (voir la recette p. 114)
- 350 g de ricotta
- 4 cuill. à soupe de chapelure fraîche
- 2 cuill. à soupe de raisins secs
- Sel

1. Pelez et hachez l'ail. Dans un saladier, réunissez le porc haché, 1 œuf, le pecorino, l'ail, le persil et la noix de muscade. Salez, puis mélangez. Façonnez des boulettes de la taille d'une noix.
2. Versez le bouillon de bœuf dans un fait-tout, portez à ébullition et ajoutez les boulettes de viande. Laissez mijoter 10 minutes.
3. Pendant ce temps, battez les œufs restants dans un grand bol, puis ajoutez la ricotta, la chapelure et les raisins secs. Salez et mélangez le tout pour obtenir une préparation crémeuse.
4. Versez cette préparation dans le bouillon chaud et remuez avec une fourchette pendant 1 minute, jusqu'à ce que les œufs forment des filaments. Servez.

Pour cette recette, choisissez de préférence des flocons de petit épeautre précuits à la vapeur, prêts généralement en moins de 15 minutes. À défaut, remplacez-les par de l'orge perlé.

Soupe PETIT ÉPEAUTRE, RIZ & POIS

- 4 échalotes
- 3 gousses d'ail
- 100 g de riz arborio
- 45 g de beurre
- 3 cuill. à soupe d'huile d'olive vierge extra
- 2 feuilles de laurier
- 200 g de flocons de petit épeautre précuits à la vapeur (dans les magasins bio)
- 2 l de bouillon de volaille (voir la recette p. 117) ou d'eau
- 300 g de petits pois surgelés
- 2 cuill. à soupe de persil plat haché
- Sel et poivre du moulin

Pour 4 à 6 personnes • Préparation : 10 min • Cuisson : 20 à 25 min • Difficulté : 1

1. Pelez les échalotes et l'ail, puis émincez-les. Rincez, puis égouttez le riz.
2. Dans un fait-tout, faites chauffer le beurre et l'huile d'olive à feu moyen, puis ajoutez les échalotes, l'ail et le laurier. Salez, poivrez et faites revenir 3 ou 4 minutes.
3. Ajoutez les flocons de petit épeautre et le riz. Versez le bouillon de volaille et laissez mijoter doucement de 10 à 15 minutes, jusqu'à ce que les céréales soient tendres. Ajoutez les petits pois, rectifiez l'assaisonnement et laissez cuire 5 minutes. Incorporez le persil haché.
4. Répartissez la soupe dans quatre à six bols et servez.

Si cette recette vous plaît, vous aimerez aussi…

Soupe POIS, LAITUE & ŒUF POCHÉ

Soupe LENTILLES, BACON & LÉGUMES

Soupe POIS CASSÉS & PETIT ÉPEAUTRE

Soupe miso POULET & NOUILLES SOBA

- 2 cuill. à café de dashi instantané (bouillon japonais) en granulés (dans les épiceries asiatiques)
- 1,2 l de bouillon de volaille (voir la recette p. 117) ou d'eau
- 1 blanc de poulet sans la peau
- 120 g de nouilles soba (dans les épiceries asiatiques)
- 30 g d'algues séchées
- 3 ciboules
- 75 g de miso blanc (dans les épiceries asiatiques)
- Sel

Pour 4 à 6 personnes • Préparation : 10 min • Cuisson : 20 à 25 min • Difficulté : 1

1. Diluez le dashi dans le bouillon de volaille dans un fait-tout à feu moyen, puis portez à ébullition. Baissez le feu, ajoutez le blanc de poulet et faites-le pocher de 15 à 20 minutes, jusqu'à ce qu'il soit tendre. Retirez-le du bouillon, coupez-le en lamelles et réservez.
2. Faites cuire les nouilles soba selon les instructions figurant sur l'emballage.
3. Réhydratez les algues séchées, puis émincez-les. Délayez le miso dans une louchée de bouillon chaud pour former une pâte, puis incorporez-la au bouillon. Ajoutez les algues et laissez cuire 5 minutes. Salez. Émincez les ciboules.
4. Répartissez les lamelles de poulet, les nouilles et la soupe dans quatre à six bols, parsemez de ciboule et servez.

Soupe thaïe CURRY ROUGE & CREVETTES

- 2 échalotes
- 2 gousses d'ail
- 1 morceau de gingembre de 2,5 cm
- 75 g de haricots verts
- 1 chou chinois
- 2 cuill. à soupe d'huile végétale
- 3 cuill. à soupe de pâte de curry rouge thaï
- 3 feuilles de citron vert
- 1 l de bouillon de poisson (voir la recette p. 113) ou d'eau
- 2 cuill. à soupe de sauce nam pla (à base de poisson)
- 75 g de petits pois surgelés
- 12 grosses crevettes cuites, décortiquées et déveinées
- Sel et poivre du moulin

Pour servir

- Quelques feuilles de coriandre

Pour 4 à 6 personnes • Préparation : 15 min • Cuisson : 20 min • Difficulté : 1

1. Pelez les échalotes et l'ail, puis hachez-les. Pelez le gingembre et détaillez-le en fines lamelles. Coupez les haricots verts en tronçons et le chou chinois en quartiers.
2. Faites chauffer l'huile dans un fait-tout à feu moyen, ajoutez la pâte de curry rouge et laissez-la cuire 30 secondes. Ajoutez les échalotes, l'ail, le gingembre et les feuilles de citron vert. Salez et poivrez, puis faites revenir 3 ou 4 minutes.
3. Versez le bouillon de poisson et la sauce nam pla dans le fait-tout, baissez le feu et laissez mijoter 10 minutes. Ajoutez les haricots verts, les petits pois et les crevettes, puis prolongez la cuisson de 3 minutes. Incorporez le chou chinois, laissez cuire encore 3 minutes et retirez du feu.
4. Répartissez les crevettes et la soupe dans quatre à six bols, parsemez de coriandre, puis servez.

Préparez un œuf poché par personne et ajoutez-le à chaque bol de soupe juste au moment de servir. Ce plat roboratif fait office de plat complet.

Soupe POIS, LAITUE & ŒUF POCHÉ

- 1 oignon
- 2 gousses d'ail
- 1 salade romaine
- 30 g de beurre
- 2 cuill. à soupe d'huile d'olive vierge extra
- 1,2 l de bouillon de volaille (voir la recette p. 117) ou d'eau
- 300 g de petits pois surgelés
- 1 l d'eau
- 3 cuill. à soupe de vinaigre blanc
- 4 à 6 œufs
- Sel et poivre du moulin

Pour servir

- 1 baguette de pain

Pour 4 à 6 personnes • Préparation : 15 min • Cuisson : 20 min • Difficulté : 1

1. Pelez l'oignon et l'ail, puis hachez-les. Tranchez la salade en deux, retirez le cœur et émincez-la. Dans un fait-tout, faites chauffer le beurre et l'huile d'olive à feu moyen, puis ajoutez l'oignon et l'ail. Salez et poivrez. Faites-les revenir 3 ou 4 minutes, jusqu'à ce qu'ils soient translucides.
2. Ajoutez la salade et laissez-la cuire 5 minutes, jusqu'à ce qu'elle flétrisse. Versez le bouillon de volaille, portez à ébullition, puis baissez le feu. Ajoutez les petits pois et laissez mijoter 10 minutes.
3. Pendant ce temps, versez l'eau et le vinaigre dans une casserole, portez à ébullition, puis baissez à feu moyen. Cassez 1 œuf dans un petit bol. Donnez un tour de cuillère en bois dans l'eau frémissante pour créer un tourbillon, versez l'œuf au centre et laissez-le pocher 2 minutes et demie. Retirez-le, plongez-le dans un saladier d'eau glacée, puis réservez. Répétez l'opération avec les œufs restants.
4. Rectifiez l'assaisonnement de la soupe, puis répartissez-la dans quatre à six bols. Ajoutez 1 œuf poché dans chaque bol et servez avec des tranches de pain.

Si cette recette vous plaît, vous aimerez aussi...

12
Soupe PETIT ÉPEAUTRE, RIZ & POIS

56
Velouté glacé de PETITS POIS

70
Soupe CHORIZO, TOMATES & ŒUFS

Potage du JARDIN

- 1 oignon
- 2 gousses d'ail
- 1 poireau
- 1 carotte
- 2 pommes de terre de taille moyenne
- 2 courgettes de taille moyenne
- 100 g de chair de potiron
- 4 tomates
- 75 g de haricots verts
- 3 cuill. à soupe d'huile d'olive vierge extra
- 2 l de bouillon de légumes (voir la recette p. 116) ou d'eau
- 150 g de vermicelles
- Sel et poivre du moulin

Pour servir

- 100 g de gruyère râpé
- Pesto

Pour 4 à 6 personnes • Préparation : 15 min • Cuisson : 18 à 20 min • Difficulté : 1

1. Pelez l'oignon et l'ail, puis hachez-les. Émincez le poireau. Pelez la carotte et les pommes de terre, puis coupez-les en dés avec les courgettes et le potiron. Retirez la peau des tomates, épépinez-les et détaillez-les en dés. Coupez les haricots verts en tronçons.
2. Faites chauffer l'huile d'olive dans un fait-tout à feu moyen. Ajoutez l'oignon, l'ail, le poireau et la carotte. Salez, poivrez et faites revenir 4 ou 5 minutes. Incorporez les pommes de terre et le potiron. Versez le bouillon de légumes, portez à ébullition, puis laissez mijoter 10 minutes à feu doux.
3. Ajoutez les haricots verts, les courgettes, les tomates et les vermicelles. Prolongez la cuisson de 3 ou 4 minutes, jusqu'à ce que les pâtes soient al dente.
4. Répartissez le potage dans quatre à six bols, puis servez avec le gruyère râpé et le pesto.

Potage TORTELLINIS & FINES HERBES

- 4 tomates
- 2 l de bouillon de volaille (voir la recette p. 117)
- 500 g de tortellinis au veau
- Quelques feuilles de persil
- Quelques feuilles d'origan
- Quelques feuilles de basilic
- Sel et poivre du moulin

Pour 4 à 6 personnes • Préparation : 10 min • Cuisson : 15 min • Difficulté : 1

1. Pelez, épépinez et coupez les tomates en dés. Dans un fait-tout, portez le bouillon de volaille à ébullition, jusqu'à ce qu'il réduise d'un quart de son volume.
2. Ajoutez les tortellinis au bouillon et faites-les cuire selon les instructions figurant sur l'emballage. Lorsque les pâtes sont cuites, ajoutez les tomates et les fines herbes. Salez et poivrez.
3. Répartissez les tortellinis dans quatre à six bols, arrosez-les de potage et servez.

Ce potage est parfait en entrée ou pour un dîner léger au cœur de l'hiver.

Potage asiatique BŒUF, RIZ & CHAMPIGNONS

- 1 morceau de gingembre de 2,5 cm
- 3 gousses d'ail
- 250 g de champignons mélangés
- 4 ciboules
- 1,2 l de bouillon de bœuf (voir la recette p. 114)
- 2 cuill. à soupe de sauce nam pla (à base de poisson)
- 2 cuill. à soupe de sauce soja sombre
- 3 feuilles de citron vert
- 2 cuill. à café de poivre du moulin
- 1 filet de bœuf de 500 g
- 1 cuill. à soupe d'huile de sésame
- Sel

Pour servir

- 200 g de riz au jasmin, déjà cuit
- Quelques feuilles de basilic thaï ou ordinaire
- Quelques feuilles de coriandre

Pour 4 à 6 personnes • Préparation : 10 min • Cuisson : 25 min • Difficulté : 1

1. Pelez le gingembre et l'ail. Coupez les champignons en quartiers et émincez les ciboules. Versez le bouillon de bœuf, la sauce nam pla et la sauce soja dans un fait-tout. Ajoutez les feuilles de citron vert, l'ail, le gingembre et le poivre. Portez à ébullition, puis baissez le feu et laissez mijoter 20 minutes. Retirez du feu. Passez le bouillon dans un chinois, jetez les ingrédients solides et reversez le liquide dans le fait-tout.
2. Salez le filet de bœuf. Faites chauffer une poêle à feu vif, versez l'huile de sésame, puis saisissez la viande 30 secondes de chaque côté. Retirez de la poêle et réservez.
3. Portez à nouveau le bouillon à ébullition dans le fait-tout. Ajoutez les champignons et les ciboules, laissez cuire 1 minute, puis retirez du feu.
4. Détaillez la viande en tranches fines. Répartissez-les avec le riz dans quatre à six bols et arrosez-les de potage. Garnissez de fines herbes et servez.

Si cette recette vous plaît, vous aimerez aussi...

Soupe de nouilles PORC & CRESSON

Soupe thaïe CURRY ROUGE & CREVETTES

Soupe de nouilles CITRONNELLE & BŒUF

Potage épicé POISSON, TOMATES & SAFRAN

- 1 pincée de pistils de safran
- 2 cuill. à soupe d'eau chaude
- 1 oignon rouge
- 2 gousses d'ail
- 1 morceau de gingembre de 2,5 cm
- 1 grosse carotte
- 1 grosse pomme de terre
- 1 branche de céleri
- 3 cuill. à soupe d'huile d'olive vierge extra
- 25 cl de vin blanc sec
- 2 cuill. à café de paprika fumé
- 1 cuill. à café de coriandre en poudre
- 1/2 cuill. à café de piment en poudre
- 250 g de tomates en conserve, avec le jus
- 1,2 l de bouillon de poisson (voir la recette p. 113) ou d'eau
- 600 g de filets de poisson blanc ferme
- 2 cuill. à soupe de marjolaine hachée
- Sel et poivre du moulin

Pour 4 à 6 personnes • Préparation : 15 min • Cuisson : 30 à 35 min • Difficulté : 1

1. Faites infuser le safran dans l'eau chaude et réservez. Pelez les légumes. Hachez l'oignon et l'ail, puis râpez le gingembre. Détaillez la carotte, la pomme de terre et le céleri en dés. Dans un fait-tout, faites chauffer l'huile d'olive à feu moyen, ajoutez tous les légumes, salez et poivrez. Faites-les revenir 5 minutes, jusqu'à ce qu'ils soient tendres.
2. Ajoutez le vin blanc et le safran, puis laissez mijoter de 5 à 10 minutes, jusqu'à ce que le liquide réduise de moitié. Incorporez le paprika, la coriandre, le piment et les tomates, versez le bouillon de poisson, puis portez à ébullition. Baissez le feu et laissez mijoter 10 minutes.
3. Détaillez les filets de poisson en dés. Ajoutez-les au potage avec la marjolaine, puis faites-les pocher de 6 à 8 minutes. Servez.

Consommé TOMATES, HARICOTS & CALMARS

- 2 gros calmars
- 1 gros piment rouge
- 1 kg de tomates bien mûres
- 2 échalotes
- 2 gousses d'ail
- 4 cuill. à soupe d'huile d'olive vierge extra
- Quelques feuilles de basilic
- 300 g de feuilles de chicorée
- 50 cl de bouillon de poisson (voir la recette p. 113) ou d'eau
- 400 g de haricots blancs en conserve, égouttés
- Sel et poivre du moulin

Pour 4 à 6 personnes • Préparation : 20 min • Congélation : 30 min • Cuisson : 18 à 20 min • Difficulté : 1

1. Ouvrez les calmars sur les côtés, posez-les à plat et retirez les membranes. Quadrillez la chair avec un couteau aiguisé, puis placez-la 30 minutes au congélateur.
2. Tranchez chaque morceau de calmar en deux dans le sens de la longueur, puis détaillez la chair en tranches de 2,5 cm de large. Réservez au réfrigérateur.
3. Épépinez le piment. Pelez les tomates, les échalotes et l'ail, puis hachez-les grossièrement avec le piment. Mettez le tout dans le bol d'un robot avec l'huile d'olive et le basilic. Salez, poivrez, puis mixez, jusqu'à obtenir une purée. Passez-la dans un chinois pour éliminer la pulpe et les pépins. Émincez la chicorée.
4. Dans un fait-tout, versez la purée obtenue avec le bouillon de poisson, puis portez à ébullition. Baissez le feu, ajoutez les haricots blancs et laissez mijoter 10 minutes. Incorporez la chicorée. Prolongez la cuisson de 5 minutes, puis ajoutez les calmars et faites-les pocher 3 minutes. Servez.

Comme les oignons, les poireaux ont tendance à caraméliser lorsqu'on les laisse mijoter longtemps à feu très doux.
Ce sont eux qui donnent à cette soupe son parfum irrésistible et son goût suave.

Soupe POULET, POIREAUX & PÂTES

- 3 poireaux
- 3 gousses d'ail
- 45 g de beurre
- 2 cuill. à soupe d'huile d'olive vierge extra
- 600 g de cuisses de poulet désossées
- 1 cuill. à soupe de graines de fenouil
- 1,5 l de bouillon de volaille (voir la recette p. 117) ou d'eau
- 150 g de petites pâtes à potage
- Sel et poivre du moulin

Pour servir

- Parmesan râpé
- Quelques feuilles de cresson

Pour 4 à 6 personnes • Préparation : 10 min • Cuisson : 35 à 40 min • Difficulté : 1

1. Émincez les poireaux. Pelez et hachez l'ail. Faites chauffer le beurre et l'huile d'olive dans un fait-tout à feu très doux. Ajoutez les poireaux et l'ail. Salez, poivrez et couvrez. Faites suer les poireaux de 25 à 30 minutes, en remuant de temps en temps, jusqu'à ce qu'ils soient bien fondants. Pendant ce temps, détaillez les cuisses de poulet en dés.
2. Ajoutez le poulet et les graines de fenouil dans le fait-tout, puis laissez mijoter 5 minutes. Versez le bouillon de volaille, augmentez à feu moyen jusqu'à frémissement, puis incorporez les pâtes. Prolongez la cuisson de 5 minutes, jusqu'à ce que le poulet soit tendre et que les pâtes soient cuites. Vérifiez l'assaisonnement.
3. Répartissez la soupe dans quatre à six bols. Parsemez de parmesan râpé, décorez de feuilles de cresson et servez.

Si cette recette vous plaît, vous aimerez aussi...

Raviolis au BOUILLON DE BŒUF

Pastine au BOUILLON DE BŒUF

Potage TORTELLINIS & FINES HERBES

Soupe paysanne D'HIVER

- 1 oignon
- 100 g de feuilles de chou
- 2 gousses d'ail
- 2 branches de céleri
- 2 tranches de bacon sans couenne
- 2 carottes
- 2 grosses pommes de terre
- 2 saucisses de porc
- 30 g de beurre
- 2 cuill. à soupe d'huile d'olive vierge extra
- 1 cuill. à soupe de feuilles de thym
- 2 feuilles de laurier
- 2 l de bouillon de volaille (voir la recette p. 117) ou d'eau
- Sel et poivre du moulin

Pour servir

- 2 cuill. à soupe de persil haché
- Parmesan râpé

Pour 4 à 6 personnes • Préparation : 15 min • Cuisson : 15 min • Difficulté : 1

1. Épluchez l'oignon, puis émincez-le avec les feuilles de chou. Pelez l'ail et hachez-le avec le céleri. Pelez les carottes et les pommes de terre, puis détaillez-les en dés. Retirez la peau des saucisses et façonnez de grossières boulettes avec la chair. Hachez le bacon.
2. Dans un fait-tout, faites chauffer le beurre et l'huile d'olive à feu moyen. Ajoutez les boulettes de porc et le bacon, puis faites-les revenir 4 ou 5 minutes, jusqu'à ce qu'ils soient croustillants et bien dorés.
3. Ajoutez les légumes, le thym et le laurier. Salez, poivrez, puis faites revenir 5 minutes.
4. Versez le bouillon de volaille, portez à ébullition, puis laissez mijoter 5 minutes à feu doux, jusqu'à ce que les légumes soient fondants. Servez avec le persil et le parmesan.

Soupe de nouilles CITRONNELLE & BŒUF

- 500 g de rumsteck dégraissé
- 2 gousses d'ail
- 1 morceau de gingembre de 5 cm
- 1 tige de citronnelle
- 1 gros piment rouge
- 3 feuilles de citron vert
- Le jus de 1 citron vert
- 4 cuill. à soupe de saké
- 2 cuill. à soupe de sauce nam pla (à base de poisson)
- 4 cuill. à soupe de sauce soja
- 100 g de haricots verts, équeutés
- 1,5 l de bouillon de bœuf (voir la recette p. 114) ou d'eau
- 3 cuill. à soupe de cassonade
- 150 g de petits pois surgelés
- 350 g de nouilles chinoises aux œufs, déjà cuites
- Sel et poivre du moulin

Pour servir

- Quelques feuilles de coriandre

Pour 4 à 6 personnes • Préparation : 15 min • Marinade : 30 min • Cuisson : 10 à 15 min • Difficulté : 1

1. Détaillez la viande en fines lamelles et déposez-les dans un plat creux. Pelez l'ail et le gingembre, puis hachez-les avec la citronnelle et le piment. Mettez ces ingrédients dans le bol d'un robot avec les feuilles et le jus de citron vert, le saké, les sauces nam pla et soja. Poivrez et mixez le tout, jusqu'à obtenir une purée. Versez-la sur la viande et laissez mariner 30 minutes à température ambiante. Détaillez les haricots verts en tronçons.
2. Faites chauffer un fait-tout à feu moyen. Ajoutez la viande avec la marinade et laissez cuire 5 minutes, en remuant régulièrement.
3. Versez le bouillon de bœuf dans le fait-tout, portez à ébullition, puis ajoutez la cassonade, les petits pois et les haricots verts. Salez et poivrez. Laissez mijoter 5 minutes. Ajoutez les nouilles cuites, puis retirez du feu. Parsemez de feuilles de coriandre et servez.

Voici une soupe qui tient au corps ! Servie très chaude et accompagnée de tranches de pain complet ou aux céréales, elle peut être proposée comme plat unique pour le déjeuner ou le dîner.

Soupe LENTILLES, BACON & LÉGUMES

- 2 échalotes
- 2 gousses d'ail
- 1 carotte
- 2 branches de céleri
- 3 tranches de bacon sans couenne
- 200 g de lentilles vertes du Puy
- 30 g de beurre
- 2 cuill. à soupe d'huile d'olive vierge extra
- 1 cuill. à soupe de cumin en poudre
- 1 cuill. à café de piment en poudre
- 2 l de bouillon de volaille (voir la recette p. 117) ou d'eau
- 1 cuill. à soupe de persil haché
- 1 cuill. à soupe d'origan haché
- Sel et poivre du moulin

Pour 4 à 6 personnes • Préparation : 10 min • Cuisson : 35 à 40 min • Difficulté : 1

1. Pelez les échalotes et l'ail, puis hachez-les. Grattez la carotte et coupez-la en dés avec le céleri et le bacon. Réservez. Rincez, égouttez les lentilles et mettez-les dans une poêle. Couvrez-les d'eau froide, portez à ébullition, puis laissez mijoter 20 minutes à feu doux.
2. Pendant ce temps, faites chauffer le beurre et l'huile d'olive dans un fait-tout à feu moyen. Ajoutez les échalotes, l'ail et le bacon, puis faites-les revenir 5 minutes, jusqu'à ce qu'ils soient dorés. Ajoutez la carotte, le céleri, le cumin et le piment. Salez, poivrez et laissez mijoter 5 minutes.
3. Égouttez les lentilles et ajoutez-les dans le fait-tout avec le bouillon de volaille. Portez à ébullition, puis laissez mijoter 5 minutes à feu doux, jusqu'à ce que les lentilles soient bien tendres.
4. Incorporez le persil et l'origan, vérifiez l'assaisonnement, puis servez.

Si cette recette vous plaît, vous aimerez aussi…

Soupe indienne aux LENTILLES

Soupe de POIS CHICHES

Soupe PORC, POIS CHICHES & HARICOTS VERTS

Veloutés

Velouté de CHAMPIGNONS

31

- 1,5 kg de champignons de Paris
- 6 échalotes
- 4 gousses d'ail
- 3 branches de céleri
- 1 poireau
- 2 feuilles de laurier
- 6 brins de thym
- 2 l de bouillon de légumes (voir la recette p. 116) ou d'eau
- 3 cuill. à soupe d'huile d'olive vierge extra
- 25 cl de crème fraîche épaisse
- 12 cl de crème aigre (ou de crème fraîche additionnée de quelques gouttes de jus de citron vert)
- Sel et poivre du moulin

Pour servir

- 1 cuill. à soupe de ciboulette ciselée

Pour 4 à 6 personnes • Préparation : 20 min • Cuisson : 50 min à 1 h • Difficulté : 2

1. Coupez le pied des champignons sans le jeter. Pelez les échalotes et émincez 4 d'entre elles. Pelez les gousses d'ail. Hachez le céleri et émincez le poireau. Dans une poêle, réunissez les pieds de champignon, les 2 échalotes entières, 2 gousses d'ail, le laurier et le thym. Versez le bouillon, portez à ébullition, puis laissez mijoter 30 minutes à feu doux. Retirez du feu, passez le liquide dans un chinois et réservez. Jetez les ingrédients solides.
2. Faites chauffer l'huile d'olive dans un fait-tout à feu moyen. Ajoutez les échalotes émincées, les 2 gousses d'ail restantes, le céleri et le poireau, puis faites-les revenir 3 ou 4 minutes. Salez et poivrez.
3. Ajoutez les chapeaux de champignon et laissez cuire 5 minutes. Versez le bouillon réservé, portez à ébullition, puis laissez mijoter 20 minutes à feu doux.
4. Réduisez la soupe en un mélange lisse à l'aide d'un mixeur. Incorporez les crèmes fraîche et aigre, puis réchauffez sans porter à ébullition. Parsemez de ciboulette, servez.

Si cette recette vous plaît, vous aimerez aussi...

Velouté de PANAIS AU CURRY

Crème de POMMES DE TERRE

Velouté de tomates au BASILIC

En Asie, les échalotes frites sont fréquemment utilisées pour garnir les soupes. Vous en trouverez dans certaines épiceries asiatiques ou sur Internet, mais vous pouvez facilement en faire vous-même : il suffit de faire frire quelques échalotes finement émincées dans de l'huile végétale, jusqu'à ce qu'elles soient bien dorées et croustillantes.

Velouté de panais au CURRY

- 1 oignon jaune
- 2 gousses d'ail
- 6 panais
- 45 g de beurre
- 2 cuill. à soupe d'huile végétale
- 4 feuilles de curry
- 1 cuill. à café de graines de moutarde
- 1 cuill. à soupe de curry en poudre
- 1/2 cuill. à café de curcuma en poudre
- 1 cuill. à café de coriandre en poudre
- 1,2 l de bouillon de légumes (voir la recette p. 116)
- 12 cl de crème fraîche épaisse
- Sel et poivre blanc du moulin

Pour servir

- Quelques feuilles de coriandre
- Quelques échalotes frites

Pour 4 à 6 personnes • Préparation : 20 min • Cuisson : 25 min • Difficulté : 1

1. Pelez l'oignon et détaillez-le en dés. Pelez l'ail et les panais, puis hachez-les.
2. Faites chauffer le beurre et l'huile dans un fait-tout à feu moyen. Ajoutez les feuilles de curry, les graines de moutarde, le curry, le curcuma et la coriandre en poudre. Laissez cuire 30 secondes, puis ajoutez l'oignon et l'ail. Salez et poivrez. Faites revenir 3 ou 4 minutes, jusqu'à ce que l'oignon soit translucide et que les parfums se développent.
3. Ajoutez les panais, le bouillon de légumes et la crème fraîche. Laissez mijoter 20 minutes, jusqu'à ce que les légumes soient fondants. Réduisez la soupe en un mélange lisse à l'aide d'un mixeur plongeant.
4. Répartissez le velouté obtenu dans quatre à six bols. Parsemez de feuilles de coriandre et servez avec des échalotes frites.

Si cette recette vous plaît, vous aimerez aussi...

Crème LENTILLES & MANGUE

Soupe épicée au POTIRON

Velouté de chou-fleur au BACON

Velouté de brocoli au BLEU

Pour 4 personnes • Préparation : 15 min • Cuisson : 20 min • Difficulté : 1

- 1 gros oignon
- 350 g de brocoli
- 1 grosse pomme de terre
- 2 cuill. à soupe d'huile d'olive vierge extra
- 1 l de bouillon de légumes (voir la recette p. 116)
- 120 g de bleu, émietté

Pour servir

- Quelques feuilles de persil plat

1. Pelez l'oignon, puis hachez-le grossièrement avec le brocoli. Épluchez la pomme de terre et détaillez-la en dés. Dans un fait-tout, faites chauffer l'huile d'olive à feu moyen. Ajoutez l'oignon et faites-le revenir 3 ou 4 minutes. Ajoutez la pomme de terre et le bouillon de légumes, puis laissez mijoter 10 minutes.
2. Ajoutez le brocoli et laissez-le cuire 5 minutes, jusqu'à ce qu'il soit tendre. Retirez du feu et incorporez la moitié du bleu.
3. Réduisez la soupe en un mélange lisse à l'aide d'un mixeur plongeant. Portez de nouveau à frémissement, puis répartissez le velouté dans quatre bols. Parsemez du bleu restant et de persil, puis servez.

Soupe de PATATES DOUCES

Pour 4 personnes • Préparation : 15 min • Cuisson : 20 à 25 min • Difficulté : 1

- 1 oignon
- 2 gousses d'ail
- 1 piment rouge
- 750 g de patates douces
- 15 g de beurre
- 1 cuill. à café de coriandre en poudre
- 50 cl de bouillon de légumes (voir la recette p. 116)
- Sel et poivre du moulin

Pour servir

- 60 g de gruyère râpé
- Quelques feuilles de coriandre
- Paprika fort (facultatif)

1. Pelez l'oignon et l'ail, épépinez le piment, puis hachez le tout. Épluchez les patates douces et tranchez-les. Dans un fait-tout, faites fondre le beurre. Ajoutez l'oignon, l'ail, le piment et la coriandre et faites-les revenir pendant 5 minutes. Ajoutez les patates douces et laissez-les cuire 2 ou 3 minutes.
2. Versez le bouillon de légumes, portez à ébullition, puis laissez mijoter de 10 à 15 minutes, jusqu'à ce que les patates douces soient tendres.
3. Réduisez la soupe en une purée lisse à l'aide d'un mixeur. Salez et poivrez. Parsemez de gruyère et de feuilles de coriandre, saupoudrez éventuellement de paprika. Servez.

Crème de POMMES DE TERRE

Pour 4 à 6 personnes • Préparation : 15 min • Cuisson : 20 à 25 min • Difficulté : 1

- 1 piment rouge
- 1 oignon
- 2 gousses d'ail
- 750 g de pommes de terre
- 60 g de bacon
- 60 g de beurre
- 1 cuill. à café de quatre-épices
- 2 cuill. à soupe de feuilles de marjolaine
- 1 feuille de laurier
- 1 cuill. à soupe de farine
- 1 l d'eau
- 1 cuill. à soupe de persil haché
- 1 cuill. à café de vinaigre de vin blanc
- Sel et poivre du moulin

1. Épépinez le piment. Pelez l'oignon et l'ail, puis hachez-les avec le piment. Épluchez les pommes de terre et coupez-les en dés. Hachez le bacon et 1 cuillerée à soupe de marjolaine. Dans un fait-tout, faites fondre le beurre, puis faites revenir l'oignon et le bacon 5 minutes. Ajoutez le piment, les pommes de terre, le quatre-épices, la marjolaine hachée et le laurier. Salez et poivrez. Incorporez la farine, mélangez bien, puis versez l'eau. Laissez mijoter de 10 à 15 minutes.
2. Réduisez la soupe en un mélange lisse à l'aide d'un mixeur. Ajoutez le persil, l'ail et le vinaigre, portez à frémissement, puis retirez du feu. Servez avec les feuilles de marjolaine restantes.

Crème LENTILLES & MANGUE

Pour 4 à 6 personnes • Préparation : 20 min • Cuisson : 1h15 • Difficulté : 1

- 2 pommes de terre
- 1 cuill. à soupe d'huile d'olive vierge extra
- 1/2 oignon haché
- 2 gousses d'ail hachées
- 4 tranches de mangue séchée hachées
- 200 g de lentilles corail
- 75 cl de bouillon de volaille (voir la recette p. 117)
- 400 g de tomates en conserve
- 1 pincée de cumin en poudre
- 1 pincée de piment en poudre
- 1 pincée de paprika doux
- 2 pincées de thym séché
- 2 cuill. à soupe de jus de citron
- Sel et poivre du moulin

1. Épluchez les pommes de terre et coupez-les en dés. Faites chauffer l'huile d'olive dans un fait-tout à feu doux. Ajoutez l'oignon, l'ail et la mangue, puis faites-les revenir 5 minutes. Ajoutez les lentilles, les pommes de terre et le bouillon de volaille. Portez à ébullition et laissez mijoter 30 minutes à feu doux.
2. Incorporez les tomates, les épices et 1 pincée de thym. Salez, poivrez et prolongez la cuisson de 10 minutes. Ajoutez le jus de citron.
3. Réduisez la soupe en une purée lisse à l'aide d'un mixeur. Réchauffez, parsemez du thym restant et servez.

Soupe épicée au POTIRON

- 2 oignons
- 4 gousses d'ail
- 2 carottes
- 2,5 kg de chair de potiron
- 3 cuill. à soupe de cassonade
- 1 cuill. à soupe de cumin en poudre
- 2 cuill. à café de coriandre en poudre
- 1 pincée de cardamome en poudre
- 1 cuill. à café de piment en poudre
- 3 cuill. à soupe d'huile d'olive vierge extra
- 2 l de bouillon de légumes (voir la recette p. 116)
- 35 cl de crème fraîche épaisse
- Sel et poivre du moulin

Pour servir

- Quelques feuilles de coriandre

Pour 4 à 6 personnes • Préparation : 20 min • Cuisson : 1h10 à 1h20 • Difficulté : 1

1. Préchauffez le four à 200 °C (therm. 6-7). Pelez les oignons, l'ail et les carottes. Coupez les oignons en quartiers. Épépinez le potiron, puis hachez-le avec les carottes.
2. Réunissez les légumes préparés dans un grand plat allant au four. Salez et poivrez. Saupoudrez de cassonade, de cumin, de coriandre, de cardamome et de piment, puis arrosez d'huile d'olive. Enfournez pour 45 minutes, jusqu'à ce que les légumes soient bien dorés.
3. Transférez les légumes rôtis dans un fait-tout. Versez le bouillon de légumes, portez à ébullition, puis laissez mijoter de 20 à 30 minutes.
4. Réduisez la soupe en un mélange lisse à l'aide d'un mixeur. Incorporez la crème fraîche, puis passez la soupe dans un chinois. Réchauffez à feu doux sans porter à ébullition. Garnissez de quelques feuilles de coriandre et servez.

Velouté de tomates au BASILIC

- 6 échalotes
- 3 gousses d'ail
- 1 bouquet de basilic
- 3 cuill. à soupe d'huile d'olive vierge extra
- 2 feuilles de laurier
- 400 g de tomates concassées en conserve, avec le jus
- 1,2 l de bouillon de légumes (voir la recette p. 116)
- 2 cuill. à soupe de cassonade
- 3 cuill. à soupe d'eau
- 15 cl de crème fraîche épaisse
- Sel et poivre du moulin

Pour 4 à 6 personnes • Préparation : 15 min • Cuisson : 30 min • Difficulté : 2

1. Pelez les échalotes, puis émincez-les. Pelez et hachez l'ail. Effeuillez le bouquet de basilic, réservez les feuilles, puis attachez les tiges avec de la ficelle alimentaire. Dans un fait-tout, faites chauffer l'huile d'olive à feu moyen. Ajoutez les échalotes, l'ail, les feuilles de laurier et les tiges de basilic. Salez et poivrez, puis faites revenir 5 minutes.
2. Ajoutez les tomates, le bouillon de légumes et la cassonade, puis portez à ébullition. Baissez le feu et laissez mijoter 20 minutes. Retirez du feu, ôtez les tiges de basilic, puis réduisez la soupe en une purée lisse à l'aide d'un mixeur.
3. Réunissez les feuilles de basilic et l'eau dans le bol d'un robot, puis mixez 2 minutes. Ajoutez la crème fraîche et mixez à nouveau pour obtenir un mélange onctueux. Réservez.
4. Réchauffez la soupe à feu doux. Répartissez-la dans quatre à six bols, ajoutez à chacun une cuillerée de crème de basilic, puis servez.

Cette recette utilise non seulement des grains de maïs, mais aussi des épis, pour un résultat particulièrement savoureux.

Soupe de maïs au POULET

- 2 épis de maïs
- 4 échalotes
- 2 gousses d'ail
- 1 morceau de gingembre de 2,5 cm
- 1,5 l de bouillon de volaille (voir la recette p. 117)
- 2 cuill. à soupe de sauce soja
- 500 g de blancs de poulet sans la peau
- 3 cuill. à soupe d'huile d'olive vierge extra
- 400 g de crème de maïs en conserve (dans les épiceries anglaises)
- 2 cuill. à soupe de fécule de maïs
- 4 cuill. à soupe d'eau
- Sel et poivre blanc du moulin

Pour servir

- 2 ciboules
- 2 cuill. à soupe de ciboulette ciselée

Pour 4 à 6 personnes • Préparation : 15 min • Cuisson : 40 à 45 min • Difficulté : 2

1. Égrenez les épis de maïs sans les jeter. Pelez les échalotes, l'ail et le gingembre, puis émincez-les. Émincez les ciboules. Dans un fait-tout, versez le bouillon de volaille avec la sauce soja et les épis égrenés, puis portez à ébullition. Ajoutez les blancs de poulet et faites-les pocher de 15 à 20 minutes à feu doux.
2. Retirez le poulet. Jetez les épis, passez le bouillon dans un chinois et réservez. Quand le poulet a un peu refroidi, déchirez-le en fines lanières.
3. Rincez le fait-tout et faites-le chauffer à feu doux. Ajoutez l'huile d'olive, les échalotes, l'ail et le gingembre. Salez, poivrez et faites revenir 3 ou 4 minutes, jusqu'à ce que les échalotes soient translucides. Ajoutez le bouillon réservé, les grains et la crème de maïs, puis laissez mijoter 15 minutes.
4. Mélangez la fécule de maïs avec l'eau dans un bol, puis incorporez-la à la soupe. Ajoutez les lanières de poulet et laissez mijoter 5 minutes, jusqu'à ce que la soupe épaississe. Garnissez de ciboule et de ciboulette, puis servez.

Si cette recette vous plaît, vous aimerez aussi…

Soupe de maïs au BACON

Soupe POULET, POIREAUX & PÂTES

Chowder de FRUITS DE MER

Velouté de CAROTTES

- 1 petit oignon
- 1 gousse d'ail
- 1 kg de carottes
- 2 panais
- 45 g de beurre
- 1 cuill. à café de gingembre haché
- 1 pincée de sucre en poudre
- 1 cuill. à soupe d'huile d'olive vierge extra
- 1 cuill. à café de vinaigre de vin blanc
- 50 cl de bouillon de volaille (voir la recette p. 117)
- 20 cl de lait
- Sel et poivre du moulin

Pour servir

- Quelques feuilles de persil

Pour 4 personnes • Préparation : 25 min • Cuisson : 20 à 25 min • Difficulté : 2

1. Pelez, puis hachez l'oignon et l'ail. Épluchez les carottes et les panais, puis coupez-les en tronçons de 1 cm. Dans un fait-tout, faites fondre le beurre à feu moyen. Ajoutez l'oignon, l'ail, le gingembre, le sucre et les trois quarts des carottes. Salez, poivrez et couvrez. Laissez mijoter de 10 à 15 minutes à feu doux.
2. Pendant ce temps, faites chauffer l'huile d'olive dans une poêle à feu moyen. Ajoutez les carottes restantes et les panais. Salez, poivrez, puis faites-les revenir 2 minutes pour les colorer légèrement. Couvrez et laissez cuire 5 minutes. Augmentez le feu, versez le vinaigre et mélangez bien. Laissez cuire encore 1 minute, puis répartissez cette poêlée de légumes dans quatre bols.
3. Versez le bouillon de volaille et le lait dans le fait-tout. Portez à ébullition, puis retirez du feu. Réduisez la soupe en une purée lisse à l'aide d'un mixeur plongeant. Répartissez le velouté obtenu dans les quatre bols, garnissez de persil et servez.

Soupe de POMMES DE TERRE AU PAIN

- 1 oignon
- 3 gousses d'ail
- 4 grosses pommes de terre
- 2 poireaux
- 4 tranches de pain au levain de la veille
- 45 g de beurre
- 3 cuill. à soupe d'huile d'olive vierge extra
- 2 l de bouillon de légumes (voir la recette p. 116)
- Sel et poivre blanc du moulin

Pour servir

- 2 cuill. à soupe de feuilles de persil plat

Pour 4 à 6 personnes • Préparation : 20 min • Cuisson : 35 à 40 min • Repos : 5 minutes • Difficulté : 1

1. Pelez l'oignon, l'ail et les pommes de terre. Hachez l'oignon et l'ail, puis tranchez les pommes de terre. Émincez les poireaux. Faites griller le pain et coupez-le en dés.
2. Dans un fait-tout, faites chauffer le beurre et l'huile d'olive à feu doux. Ajoutez l'oignon, l'ail et les poireaux. Salez et poivrez, puis laissez mijoter de 15 à 20 minutes. Incorporez les pommes de terre et prolongez la cuisson de 5 minutes.
3. Versez le bouillon de légumes dans le fait-tout, portez à ébullition, puis laissez mijoter 10 minutes, jusqu'à ce que les pommes de terre soient tendres. Retirez du feu, ajoutez le pain et laissez reposer 5 minutes.
4. Réduisez la soupe en un mélange lisse à l'aide d'un mixeur plongeant, puis réchauffez-la à feu doux, sans porter à ébullition. Parsemez de persil, puis servez.

En remplaçant le chou-fleur par une quantité égale de brocolis, vous obtiendrez un velouté au goût légèrement différent.

Velouté de chou-fleur au BACON

- 1 chou-fleur
- 2 oignons
- 3 gousses d'ail
- 4 cuill. à soupe d'huile d'olive vierge extra
- 1,5 l de bouillon de volaille (voir la recette p. 117)
- 4 tranches de bacon, sans la couenne
- 25 cl de crème fraîche épaisse
- Sel et poivre du moulin

Pour servir

- 1 cuill. à soupe de feuilles de thym
- 1 cuill. à soupe de persil plat grossièrement haché

Pour 4 à 6 personnes • Préparation : 20 min • Cuisson : 1 h à 1 h 10 • Difficulté : 2

1. Préchauffez le four à 200 °C (therm. 6-7). Détaillez le chou-fleur en gros bouquets et éliminez les tiges. Pelez les oignons et l'ail, puis coupez les oignons en quartiers. Mettez les légumes préparés dans un plat allant au four. Arrosez de 3 cuillerées à soupe d'huile d'olive, salez et poivrez. Enfournez pour 30 à 40 minutes, jusqu'à ce que le chou-fleur soit bien doré.
2. Transférez les légumes rôtis dans un fait-tout, ajoutez le bouillon de volaille, puis portez à ébullition. Baissez le feu et laissez mijoter 30 minutes à feu doux.
3. Pendant ce temps, détaillez le bacon en dés. Faites chauffer l'huile d'olive restante dans une poêle, ajoutez le bacon, puis faites-le revenir jusqu'à ce qu'il soit bien doré et croustillant. Égouttez sur du papier absorbant et réservez.
4. Réduisez la soupe de chou-fleur en un mélange lisse à l'aide d'un mixeur plongeant. Ajoutez la crème fraîche, mélangez, puis passez le tout dans un chinois. Réchauffez le velouté à feu doux, sans porter à ébullition. Répartissez-le dans quatre à six bols, parsemez de bacon, de thym et de persil, puis servez.

Si cette recette vous plaît, vous aimerez aussi...

Velouté de CHAMPIGNONS

Velouté de panais au CURRY

Soupe de POMMES DE TERRE AU PAIN

Velouté FENOUIL & SAUMON FUMÉ

- 1 oignon
- 2 bulbes de fenouil
- 1 poireau
- 3 gousses d'ail
- 45 g de beurre
- 2 cuill. à soupe d'huile d'olive vierge extra
- 2 feuilles de laurier
- 2 cuill. à café de graines de fenouil en poudre
- 25 cl de vin blanc
- 1 l de bouillon de légumes (voir la recette p. 116)
- 35 cl de crème fraîche épaisse
- 4 à 6 tranches de saumon fumé
- Sel et poivre blanc du moulin

Pour servir

- Quelques brins d'aneth

Pour 4 à 6 personnes • Préparation : 15 min • Cuisson : 45 min • Difficulté : 1

1. Pelez l'oignon, puis émincez-le avec le fenouil et le poireau. Pelez et hachez l'ail.
2. Faites chauffer le beurre et l'huile d'olive dans un fait-tout à feu moyen. Ajoutez les légumes préparés avec le laurier. Salez, poivrez, puis faites revenir 5 minutes.
3. Ajoutez les graines de fenouil en poudre et le vin blanc, puis poursuivez la cuisson, jusqu'à réduire le liquide de moitié. Versez le bouillon de légumes, portez à ébullition, puis laissez mijoter 30 minutes à feu doux. Incorporez la crème fraîche, prolongez la cuisson de 5 minutes et ôtez du feu. Jetez le laurier.
4. Réduisez la soupe en un mélange lisse à l'aide d'un mixeur plongeant, puis passez-le dans un chinois. Répartissez le velouté dans quatre à six bols. Ajoutez les tranches de saumon fumé, garnissez de brins d'aneth, puis servez.

Soupe HARICOTS CANNELLINI & CREVETTES

- 3 cuill. à soupe d'huile d'olive vierge extra
- 500 g de crevettes décortiquées et déveinées, têtes et carapaces réservées
- 1 cuill. à café de graines de fenouil
- 2 cuill. à soupe de concentré de tomates
- 1,5 l de bouillon de poisson (voir la recette p. 113)
- 1 oignon haché
- 3 gousses d'ail hachées
- 1 carotte
- 1 bulbe de fenouil
- 6 tomates
- 400 g de haricots cannellini en conserve, égouttés (dans les épiceries italiennes)
- 3 cuill. à soupe de persil haché
- 30 g de beurre
- Sel et poivre du moulin

Pour 6 à 8 personnes • Préparation : 20 min • Cuisson : 50 min • Difficulté : 2

1. Faites chauffer 1 cuillerée à soupe d'huile d'olive dans un fait-tout à feu moyen. Ajoutez les têtes et les carapaces des crevettes, les graines de fenouil et le concentré de tomates. Faites revenir 1 minute, versez le bouillon de poisson et portez à ébullition. Laissez mijoter 20 minutes à feu doux. Pelez la carotte et détaillez-la en dés avec le fenouil. Pelez les tomates, épépinez-les, puis hachez-les.
2. Passez le contenu du fait-tout dans un chinois. Réservez le bouillon et jetez les ingrédients solides. Rincez le fait-tout, ajoutez l'huile d'olive restante et faites chauffer à feu moyen. Faites revenir l'oignon, l'ail, la carotte, le céleri et le fenouil 5 minutes. Salez et poivrez. Incorporez les haricots et les tomates, versez le bouillon réservé, puis portez à ébullition. Baissez le feu et laissez mijoter 20 minutes. Retirez du feu.
3. Transférez un quart de la préparation dans le bol d'un robot, puis mixez. Reversez la purée obtenue dans le fait-tout et incorporez le persil. Faites fondre le beurre dans une poêle à feu vif, puis faites cuire les crevettes de 3 à 5 minutes. Réchauffez la soupe, puis versez-la dans quatre à six bols. Ajoutez les crevettes et leur jus, puis servez.

Soupes froides

Soupe CONCOMBRE & MENTHE 47

- 1 gros concombre
- 250 g de yaourt à la grecque
- 25 cl de crème fraîche liquide
- 4 cuill. à soupe d'eau glacée
- 2 cuill. à soupe de vinaigre de cidre
- 2 cuill. à soupe de menthe hachée
- Sel et poivre blanc du moulin

Pour servir

- Ciboulette ciselée
- Graines de cumin pilées

Pour 4 personnes • Préparation : 10 min • Réfrigération : 2 h • Difficulté : 1

1. Pelez le concombre, puis râpez-le grossièrement dans un grand saladier. Ajoutez les autres ingrédients et mélangez bien le tout.
2. Réservez au moins 2 heures dans la partie la plus froide du réfrigérateur.
3. Répartissez la soupe dans quatre bols. Parsemez de ciboulette, saupoudrez de cumin, puis servez.

Si cette recette vous plaît, vous aimerez aussi…

GASPACHO

Soupe aux AMANDES

Soupe OIGNONS & HERBES

Originaire d'Andalousie, le gaspacho est une soupe traditionnelle, le plus souvent à base de tomate, de concombre, d'ail, d'oignon, d'huile d'olive et de pain. Il existe plusieurs variantes, mais c'est la garniture qui fait tout le « sel » de la recette. Voici une soupe légère et rafraîchissante quand il fait très chaud.

GASPACHO

- 1 kg de tomates mûres
- 1 oignon rouge
- 1 petit concombre
- 2 poivrons rouges
- 2 gousses d'ail
- 1 épaisse tranche de pain, sans la croûte
- Le jaune de 2 gros œufs
- 1 cuill. à soupe de vinaigre de cidre
- 6 cuill. à soupe d'huile d'olive vierge extra
- Sel et poivre du moulin

Pour 4 à 6 personnes • Préparation : 20 min • Réfrigération : 2 h • Difficulté : 1

1. Pelez les tomates, l'oignon et le concombre. Épépinez les poivrons. Détaillez en dés une petite partie des légumes préparés, puis réservez-les pour la garniture. Pelez l'ail, puis hachez-le grossièrement avec le pain et le reste des légumes.
2. Réunissez l'ail, le pain, les jaunes d'œufs et le vinaigre dans le bol d'un robot. Versez progressivement l'huile d'olive en mixant à vitesse lente, jusqu'à obtenir la consistance d'une mayonnaise.
3. Ajoutez progressivement les autres légumes et mixez jusqu'à obtention d'un mélange lisse. Salez, poivrez, puis passez la préparation dans un chinois pour éliminer les pépins.
4. Réservez au moins 2 heures dans la partie la plus froide du réfrigérateur. Répartissez la soupe dans quatre à six verrines, garnissez des dés de légumes, puis servez.

Si cette recette vous plaît, vous aimerez aussi...

37
Velouté de tomates au BASILIC

50
Soupe aux AMANDES

54
Crème VICHYSSOISE

Soupe aux AMANDES

Pour 4 personnes • Préparation : 15 min • Réfrigération : 1 ou 2 h • Difficulté : 1

- 3 gousses d'ail
- 1 cuill. à café de gros sel
- 200 g d'amandes émondées
- 65 cl d'eau glacée
- 4 ou 5 cuill. à soupe de vinaigre de xérès
- 75 g de chapelure fraîche
- 3 cuill. à soupe d'huile d'olive vierge extra
- Sel et poivre blanc du moulin

Pour servir

- 20 grains de raisin blanc, coupés en deux et épépinés
- 2 cuill. à soupe d'amandes effilées, grillées à sec

1. Pelez l'ail et pilez-le avec le gros sel dans un mortier. Dans le bol d'un robot, mixez finement les amandes, puis ajoutez la moitié de l'eau et le vinaigre. Mixez brièvement. Ajoutez la chapelure et mixez à nouveau 1 ou 2 minutes, jusqu'à obtenir un mélange lisse. Sans cesser de mixer, ajoutez l'huile d'olive et l'ail pilé, puis versez le reste de l'eau. Le mélange doit être crémeux.
2. Transvasez dans un grand bol, puis salez et poivrez. Ajoutez un peu de vinaigre, si nécessaire. Couvrez et réservez 1 ou 2 heures au réfrigérateur. Garnissez de grains de raisin et d'amandes effilées, puis servez.

Soupe OIGNONS & HERBES

Pour 4 personnes • Préparation : 20 min • Cuisson : 5 à 10 min • Réfrigération : 4 à 24 h • Difficulté : 1

- 1,2 kg d'oignons blancs
- 60 g de beurre
- 30 g de farine
- 1,5 l de bouillon de volaille (voir la recette p. 117)
- 100 g de persil haché
- 50 g de ciboulette ciselée
- 7 cuill. à soupe d'estragon haché
- 3 cuill. à soupe de feuilles de thym
- 20 cl de crème aigre (ou de crème fraîche additionnée de quelques gouttes de jus de citron vert)
- 2 cuill. à soupe de jus de citron
- Sel et poivre du moulin

1. Pelez et hachez les oignons. Faites fondre le beurre dans un fait-tout à feu moyen, puis ajoutez les oignons. Salez, poivrez et faites-les revenir 3 ou 4 minutes. Incorporez la farine. Versez le bouillon de volaille avec les fines herbes et le thym, puis mélangez 2 ou 3 minutes, jusqu'à épaississement. Retirez du feu.
2. Réduisez la soupe en un mélange lisse à l'aide d'un mixeur plongeant. Passez-le dans un chinois au-dessus d'un grand bol. Ajoutez 15 cl de crème aigre en fouettant, couvrez et réservez de 4 à 24 heures au réfrigérateur. Incorporez le jus de citron, puis servez avec le reste de crème aigre et d'estragon.

Soupe d'été au POULET

Pour 4 à 6 personnes • Préparation : 20 min • Repos : 1 h • Réfrigération : 12 à 18 h • Cuisson : 25 min • Difficulté : 2

- 2 pommes de terre de taille moyenne
- 6 gros épis de maïs
- 2 blancs de poulet, sans la peau
- 35 cl de bouillon de volaille (voir la recette p. 117)
- 1 cuill. à soupe d'aneth hachée
- 1 cuill. à soupe de ciboulette ciselée
- 1,25 l d'eau
- 1/2 cuill. à café de cumin en poudre
- 1/2 cuill. à café de piment de Cayenne
- Sel et poivre du moulin

1. Pelez les pommes de terre, puis détaillez-les en dés. Égrenez les épis de maïs et réservez 3 épis égrenés. Mettez le poulet avec le bouillon de volaille dans un fait-tout, portez à ébullition et laissez mijoter 10 minutes. Retirez du feu. Couvrez, laissez reposer 1 heure, puis réservez de 6 à 12 heures au réfrigérateur.
2. Égouttez le poulet et déchirez-le en lanières dans un grand bol. Ajoutez les fines herbes, salez et poivrez. Réservez.
3. Dans une casserole, faites mijoter l'eau 15 minutes avec les pommes de terre, le maïs, les épis réservés et le cumin. Jetez les épis et laissez refroidir.
4. Mixez la moitié de la soupe dans le bol d'un robot, puis versez-la sur les lanières de poulet. Ajoutez le reste de la soupe, salez et saupoudrez de piment. Placez au moins 6 heures au réfrigérateur. Servez.

Soupe CRESSON & ÉPINARDS

Pour 4 personnes • Préparation : 20 min • Cuisson : 20 min • Réfrigération : 2 h • Difficulté : 1

- 2 pommes de terre de taille moyenne
- 3 poireaux
- 30 g de beurre
- 1 l de bouillon de volaille (voir la recette p. 117)
- 150 g de cresson
- 50 g de pousses d'épinards
- 2 cuill. à café de jus de citron

Pour servir

- 2 œufs durs

1. Pelez les pommes de terre, puis coupez-les en dés. Émincez les poireaux. Dans un fait-tout, faites fondre le beurre à feu moyen. Ajoutez les pommes de terre et les poireaux, puis faites-les revenir 3 ou 4 minutes. Versez le bouillon de volaille et portez à ébullition. Couvrez, puis laissez mijoter de 10 à 12 minutes à feu doux. Ajoutez 100 g de cresson et les épinards. Prolongez la cuisson de 1 minute.
2. Réduisez la soupe en un mélange lisse à l'aide d'un mixeur plongeant. Transvasez dans un grand bol, incorporez le jus de citron, puis salez et poivrez. Réservez au moins 2 heures au réfrigérateur.
3. Écalez les œufs durs et hachez-les. Servez la soupe froide avec les œufs hachés et le reste de cresson.

Pour un dîner ultrachic au jardin, servez cette soupe raffinée en entrée.

Soupe glacée d'HUÎTRES

- 1 tige de citronnelle (dans les épiceries asiatiques)
- 2 gousses d'ail
- 1 morceau de gingembre de 2,5 cm
- 1 cuill. à soupe de graines de fenouil
- 1 cuill. à café de grains de poivre blanc
- Le jus et le zeste finement râpé de 1 citron non traité
- 3 brins d'estragon
- 50 cl de vin blanc sec
- 75 cl de bouillon de poisson (voir la recette p. 113)
- 12 huîtres
- Sel

Pour servir

- Huile d'olive vierge extra
- 2 cuill. à soupe de feuilles de cerfeuil

Pour 12 personnes • Préparation : 15 min • Cuisson : 20 à 30 min • Réfrigération : 2 h • Difficulté : 2

1. Coupez la tige de citronnelle pour ne conserver que la partie inférieure, puis écrasez-la. Pelez l'ail et le gingembre. Dans un fait-tout, réunissez la citronnelle, l'ail, le gingembre, les graines de fenouil, le poivre, le jus et le zeste du citron, l'estragon et le vin blanc. Portez à ébullition, baissez le feu, puis laissez réduire le liquide de moitié.
2. Ajoutez le bouillon de poisson. Prolongez la cuisson, jusqu'à réduire à nouveau le liquide de moitié. Vous devez obtenir 50 cl de soupe parfumée. Salez.
3. Passez la soupe dans un chinois et jetez les ingrédients solides. Réservez au moins 2 heures dans la partie la plus froide du réfrigérateur.
4. Ouvrez les huîtres et répartissez leur chair dans douze verrines. Ajoutez la soupe froide, arrosez d'un filet d'huile d'olive et garnissez de cerfeuil. Servez immédiatement.

Si cette recette vous plaît, vous aimerez aussi…

48
GASPACHO

50
Soupe au POULET

55
Soupe AVOCATS & MELON

Crème VICHYSSOISE

- 1 oignon
- 150 g de pommes de terre
- 1 gros poireau
- 45 g de beurre
- 2 cuill. à soupe d'huile d'olive vierge extra
- 30 cl de bouillon de volaille (voir la recette p. 117)
- 25 cl de lait entier
- 4 cuill. à soupe de crème fraîche liquide
- Sel et poivre blanc du moulin

Pour servir

- Quelques brins de ciboulette
- Quelques croûtons de pain

Pour 4 personnes • Préparation : 15 min • Cuisson : 30 min • Réfrigération : 4 h • Difficulté : 2

1. Pelez l'oignon et les pommes de terre, puis émincez-les avec le poireau. Dans un fait-tout, faites chauffer le beurre et l'huile d'olive à feu doux, puis ajoutez l'oignon et le poireau. Salez et poivrez. Couvrez et laissez mijoter 20 minutes en remuant de temps en temps, jusqu'à ce que les légumes soient tendres, mais non dorés.
2. Versez le bouillon de volaille, ajoutez les pommes de terre et laissez-les mijoter 10 minutes, jusqu'à ce qu'elles soient fondantes.
3. Transvasez le tout dans le bol d'un robot et mixez 3 minutes pour obtenir un mélange lisse. Passez-le dans un chinois au-dessus d'un saladier, puis incorporez le lait et la crème fraîche. Salez et poivrez. Réservez au moins 4 heures dans la partie la plus froide du réfrigérateur.
4. Répartissez la soupe dans quatre bols, garnissez de ciboulette et de croûtons, puis servez.

Soupe AVOCATS & MELON

- 1 gros piment vert
- 2 avocats
- 250 g de chair de melon cantaloup
- Le jus de 1 citron
- 10 cl de yaourt à la grecque
- 1 cuill. à soupe de menthe hachée
- 4 cuill. à soupe d'huile d'olive vierge extra
- Sel et poivre blanc du moulin

Pour 4 à 6 personnes • Préparation : 15 min • Réfrigération : 2 h • Difficulté : 1

1. Épépinez et émincez le piment. Coupez les avocats en deux, puis retirez la peau et le noyau. Détaillez en dés l'une des 4 moitiés avec une quantité égale de chair de melon, puis réservez pour la garniture.
2. Réunissez le piment, les 3 moitiés d'avocat et le melon restants dans le bol d'un robot. Ajoutez le reste des ingrédients et mixez jusqu'à obtention d'un mélange lisse. Salez et poivrez. Réservez au moins 2 heures dans la partie la plus froide du réfrigérateur.
3. Répartissez la soupe froide dans quatre à six bols. Garnissez de dés d'avocat et de melon, puis servez.

Si vous cuisinez ce velouté en été, utilisez des petits pois frais. Comme ils seront consommés glacés, leur saveur douce et sucrée sera mise en valeur. Vous pouvez aussi relever le velouté d'un peu de piment d'espelette.

Velouté glacé de PETITS POIS

- 4 échalotes
- 3 gousses d'ail
- 45 g de beurre
- 2 cuill. à soupe d'huile d'olive vierge extra
- 300 g de petits pois
- 80 cl de bouillon de légumes (voir la recette p. 116)
- 6 cuill. à soupe de crème fraîche liquide
- Sel et poivre du moulin

Pour servir

- Crème aigre (ou de crème fraîche additionnée de quelques gouttes de jus de citron vert)
- 1 cuill. à soupe de menthe hachée
- Quelques croûtons de pain

Pour 4 à 6 personnes • Préparation : 10 min • Cuisson : 25 min • Réfrigération : 4 h • Difficulté : 1

1. Pelez les échalotes et l'ail, puis hachez-les finement. Dans un fait-tout, faites chauffer le beurre et l'huile d'olive à feu doux. Ajoutez les échalotes et l'ail, puis faites-les revenir 10 minutes. Écossez les petits pois.
2. Ajoutez les petits pois, versez le bouillon de légumes et augmentez le feu. Laissez mijoter 15 minutes à feu moyen.
3. Transvasez la soupe dans le bol d'un robot, puis mixez, jusqu'à obtention d'un mélange lisse. Passez-le dans un chinois au-dessus d'un saladier. Incorporez la crème fraîche, salez et poivrez. Couvrez, puis réservez au moins 4 heures dans la partie la plus froide du réfrigérateur.
4. Répartissez le velouté dans quatre à six bols. Ajoutez une cuillerée de crème aigre à chaque bol, garnissez de menthe et servez avec des croûtons.

Si cette recette vous plaît, vous aimerez aussi...

Soupe CONCOMBRE & MENTHE

Crème VICHYSSOISE

Soupe AVOCATS & MELON

Soupes pour un repas

Soupe BOULETTES D'AGNEAU & CHOU

- 250 g de viande d'agneau hachée
- 60 g de parmesan râpé
- 75 g de farine d'amande
- 100 g de chapelure fraîche
- 2 gros œufs
- 1 cuill. à soupe de persil haché
- 1 oignon rouge
- 2 gousses d'ail
- 1 bulbe de fenouil
- 100 g de feuilles de chou noir de Toscane
- 45 g de beurre
- 2 cuill. à soupe d'huile d'olive vierge extra
- 2 feuilles de laurier
- 1 bâton de cannelle
- 400 g de tomates en conserve, avec le jus
- 2,5 l de bouillon de volaille (voir la recette p. 117)
- Sel et poivre du moulin

Pour servir

- 25 cl de yaourt à la grecque
- 1 cuill. à café de cumin en poudre
- 1 cuill. à soupe de menthe hachée
- Sel et poivre du moulin

Pour 4 à 6 personnes • Préparation : 25 min • Cuisson : 1 h 25 • Difficulté : 2

1. Dans un saladier, réunissez l'agneau haché, le parmesan, la farine d'amande, la chapelure, les œufs et le persil. Salez et poivrez. Mélangez le tout avec vos mains, puis façonnez des boulettes de la taille d'une noix. Réservez au réfrigérateur.
2. Pendant ce temps, pelez l'oignon et l'ail, puis hachez-les. Détaillez le fenouil en dés. Émincez les feuilles de chou. Faites chauffer le beurre et l'huile d'olive dans un fait-tout à feu moyen. Faites revenir quelques boulettes d'agneau pendant 5 minutes, jusqu'à ce qu'elles soient bien dorées. Retirez-les et réservez. Répétez l'opération, jusqu'à ce que toutes les boulettes soient cuites.
3. Ajoutez l'oignon, l'ail, le fenouil, le laurier et la cannelle dans le fait-tout. Salez, poivrez, puis faites revenir 5 minutes. Incorporez les tomates, versez le bouillon de volaille et portez à ébullition. Ajoutez les boulettes d'agneau, puis couvrez. Laissez mijoter 1 heure à feu doux. Retirez le couvercle, vérifiez l'assaisonnement, puis ajoutez les feuilles de chou. Prolongez la cuisson de 10 minutes.
4. Réunissez le yaourt, le cumin et la menthe dans un petit saladier. Salez, poivrez et mélangez bien. Répartissez les boulettes d'agneau dans quatre à six bols, puis arrosez-les de soupe. Servez avec le yaourt au cumin et à la menthe.

Toutes les légumineuses sont réputées pour leur grande valeur nutritionnelle. Parmi elles, les lentilles ont l'avantage de cuire rapidement sans avoir besoin d'être trempées dans l'eau au préalable.

Soupe indienne aux LENTILLES

- 1 oignon rouge
- 2 gousses d'ail
- 1 morceau de gingembre de 2,5 cm
- 1 carotte
- 100 g de chair de potiron
- 100 g de pousses d'épinards
- 45 g de beurre
- 2 cuill. à soupe d'huile végétale
- 2 cuill. à café de cumin en poudre
- 2 cuill. à café de graines de moutarde noire
- 1 cuill. à café de piment en poudre
- 1/2 cuill. à café de curcuma en poudre
- 6 feuilles de curry
- 200 g de lentilles corail
- 1,5 l de bouillon de légumes (voir la recette p. 116)
- Sel et poivre du moulin

Pour servir

- Naans
- Quelques feuilles de coriandre (facultatif)
- Quelques échalotes frites (facultatif)

Pour 4 à 6 personnes • Préparation : 20 min • Cuisson : 20 à 25 min • Difficulté : 1

1. Pelez l'oignon, l'ail et le gingembre, puis hachez-les finement. Grattez la carotte et détaillez-la en dés avec le potiron. Hachez grossièrement les pousses d'épinards.
2. Faites chauffer le beurre et l'huile dans un fait-tout à feu moyen. Ajoutez le cumin, les graines de moutarde, le piment en poudre, le curcuma et les feuilles de curry. Faites revenir 30 secondes, puis ajoutez l'oignon, l'ail, le gingembre, la carotte et le potiron. Salez, poivrez, puis laissez cuire 5 minutes en remuant régulièrement.
3. Incorporez les lentilles, versez le bouillon de légumes et portez à ébullition. Baissez le feu, puis laissez mijoter de 15 à 20 minutes, jusqu'à ce que les lentilles commencent à se fendre. Ajoutez les pousses d'épinards et mélangez.
4. Répartissez la soupe dans quatre à six bols. Servez avec des naans, garnissez éventuellement de feuilles de coriandre et d'échalotes frites.

Si cette recette vous plaît, vous aimerez aussi...

Soupe de POIS CHICHES

Soupe aux HARICOTS CORNILLES

Soupe HARICOTS, PANCETTA & RICOTTA

Soupe de POIS CHICHES

Pour 4 à 6 personnes • Trempage : 12 h • Préparation : 30 min • Cuisson : 3h10 • Difficulté : 2

- 300 g de pois chiches
- 2 l d'eau
- 250 g de blettes émincées
- 4 cuill. à soupe d'huile d'olive vierge extra
- 1 oignon haché
- 1 ou 2 gousses d'ail hachées
- 3 ou 4 filets d'anchois
- 6 tomates hachées
- Sel et poivre du moulin

Pour servir

- 4 à 6 tranches de pain de campagne, grillées
- 6 cuill. à soupe de pecorino râpé

1. Laissez tremper les pois chiches pendant 12 heures. Dans un fait-tout, faites bouillir 1/2 litre d'eau, ajoutez les bettes et couvrez. Laissez mijoter 5 minutes, puis égouttez en réservant l'eau de cuisson.
2. Faites chauffer l'huile d'olive dans le même fait-tout. Ajoutez l'oignon et l'ail, puis faites revenir 5 minutes. Écrasez l'anchois avec une fourchette et ajoutez-le. Incorporez les pois chiches égouttés, les bettes, l'eau de cuisson réservée et les tomates. Salez, poivrez, puis versez l'eau restante. Portez à ébullition, couvrez et laissez mijoter 3 heures.
3. Répartissez les tranches de pain dans quatre à six bols. Arrosez-les de soupe et servez avec le pecorino.

Soupe aux HARICOTS CORNILLES

Pour 6 personnes • Trempage : 12 h • Préparation : 20 min • Cuisson : 1h15 à 1h30 • Difficulté : 2

- 300 g de haricots cornilles (dans les épiceries fines)
- 5 tomates
- 1 piment rouge ou vert
- 4 branches de céleri
- 2 cuill. à soupe d'huile d'olive vierge extra
- 4 échalotes hachées
- 4 gousses d'ail hachées
- 2 l de bouillon de volaille (voir la recette p. 117)
- 1/2 cuill. à café de piment de Cayenne
- Le jus de 2 citrons verts
- Sel et poivre du moulin

Pour servir

- Quelques feuilles de coriandre

1. Laissez tremper les haricots cornilles pendant 12 heures. Pelez et épépinez les tomates et le piment. Hachez-les avec le céleri. Dans un fait-tout, faites chauffer l'huile d'olive à feu moyen. Faites revenir les échalotes, l'ail, le piment et le céleri de 5 à 7 minutes.
2. Versez le bouillon de volaille et ajoutez les haricots égouttés. Portez à ébullition, couvrez, puis laissez mijoter de 40 à 50 minutes à feu doux. Ajoutez les tomates, le piment de Cayenne, salez et poivrez. Laissez mijoter 30 minutes. Incorporez le jus de citron vert. Garnissez de feuilles de coriandre, puis servez.

Soupe RIZ & POMMES DE TERRE

Pour 4 à 6 personnes • Préparation : 15 min • Cuisson : 25 min • Difficulté : 1

- 1 oignon
- 60 g de pancetta
- 4 pommes de terre de taille moyenne
- 1 cuill. à soupe de romarin haché
- 2 l de bouillon de bœuf (voir la recette p. 114)
- 200 g de riz
- Sel

Pour servir

- 1 cuill. à soupe de persil haché
- 6 cuill. à soupe de parmesan râpé

1. Pelez l'oignon, puis hachez-le avec la pancetta. Épluchez les pommes de terre et coupez-les en dés. Dans un fait-tout, faites revenir l'oignon, la pancetta et le romarin pendant 7 ou 8 minutes à feu moyen.
2. Ajoutez les pommes de terre et le bouillon de bœuf. Portez à ébullition, versez le riz, puis laissez mijoter 15 minutes, jusqu'à ce que le riz et les pommes de terre soient tendres. Salez.
3. Parsemez la soupe de persil et de parmesan, puis servez.

Soupe épicée au BŒUF

Pour 4 à 6 personnes • Préparation : 20 min • Cuisson : 25 à 30 min • Difficulté : 1

- 1 gros oignon blanc
- 2 gousses d'ail
- 1 carotte
- 1 branche de céleri
- 1 piment rouge
- 2 ou 3 grosses pommes de terre
- 2 cuill. à soupe d'huile d'olive vierge extra
- 2 cuill. à soupe de persil haché
- 350 g de viande de bœuf hachée
- 400 g de tomates concassées en conserve, avec le jus
- 1 l de bouillon de bœuf (voir la recette p. 114)
- Sel et poivre du moulin

Pour servir

- Quelques feuilles de coriandre

1. Pelez et hachez l'oignon, l'ail, la carotte et le céleri. Épépinez le piment et émincez-le. Épluchez les pommes de terre, puis coupez-les en dés. Faites chauffer l'huile d'olive dans un fait-tout à feu moyen. Faites revenir l'oignon, l'ail, la carotte, le céleri, le piment et le persil pendant 5 minutes. Ajoutez le bœuf haché et laissez-le dorer 5 minutes.
2. Incorporez les tomates et les pommes de terre. Versez le bouillon de bœuf, salez et poivrez. Couvrez partiellement et laissez mijoter de 15 à 20 minutes à feu moyen.
3. Garnissez de coriandre et servez.

Soupe de la MER

- 12 crevettes crues
- 4 gousses d'ail
- 1 oignon
- 2 bulbes de fenouil
- 1 kg de tomates mûres
- 4 cuill. à soupe d'huile d'olive vierge extra
- 2 cuill. à café de graines de fenouil en poudre
- 2 feuilles de laurier
- 3 cuill. à soupe de concentré de tomates
- 6 cuill. à soupe de pastis
- 50 cl de vin blanc sec
- 2 l de bouillon de poisson (voir la recette p. 113)
- 500 g de moules, rincées et ébarbées
- 250 g de palourdes, rincées
- 500 g de filets de poisson blanc ferme (type cabillaud ou vivaneau), parés
- 3 cuill. à soupe de persil haché
- Sel et poivre du moulin

Pour 4 à 6 personnes • Préparation : 30 min • Cuisson : 50 min • Difficulté : 2

1. Décortiquez et retirez la veine noire des crevettes. Pelez l'ail et l'oignon, puis hachez-les. Hachez le fenouil. Retirez la peau des tomates, épépinez-les et hachez-les. Faites chauffer l'huile d'olive dans un fait-tout à feu doux. Ajoutez l'ail, l'oignon, le fenouil, les graines de fenouil et le laurier. Salez, poivrez, puis couvrez. Laissez mijoter de 10 à 15 minutes, jusqu'à ce que les légumes soient tendres.
2. Retirez le couvercle, ajoutez le concentré de tomates et laissez cuire 1 minute à feu moyen. Versez le pastis et le vin blanc, puis prolongez la cuisson pour réduire le liquide de moitié. Ajoutez les tomates. Versez le bouillon de poisson, portez à ébullition, puis couvrez. Laissez mijoter 20 minutes.
3. Ajoutez les fruits de mer et le poisson. Prolongez la cuisson de 6 à 8 minutes, jusqu'à ce que les coquilles s'ouvrent et que le poisson soit cuit à cœur. Incorporez le persil.
4. Répartissez les fruits de mer et le poisson dans quatre à six bols, arrosez-les de soupe, puis servez.

Soupe MOULES & POIS CHICHES

- 1 oignon rouge
- 3 gousses d'ail
- 1 chorizo entier
- 1 petit piment rouge
- 5 tomates bien mûres
- 6 cuill. à soupe d'huile d'olive vierge extra
- 2 feuilles de laurier
- 1 cuill. à café de paprika fumé
- 15 cl de vinaigre de xérès
- 400 g de pois chiches en conserve, égouttés
- 1,5 l de bouillon de volaille (voir la recette p. 117)
- 1 kg de moules, rincées et ébarbées
- Sel et poivre du moulin

Pour la pâte aux fines herbes

- 1 cuill. à soupe de menthe hachée
- 1 cuill. à soupe de persil haché
- Le zeste finement râpé et le jus de 1 citron non traité

Pour 4 à 6 personnes • Préparation : 20 min • Cuisson : 30 à 35 min • Difficulté : 2

1. Pelez l'oignon et l'ail, puis hachez-les. Hachez le chorizo. Épépinez le piment et les tomates, puis émincez-les. Dans un fait-tout, faites chauffer 3 cuillerées à soupe d'huile d'olive à feu moyen, puis ajoutez l'oignon, l'ail, le chorizo et le piment. Faites-les revenir, jusqu'à ce que le chorizo soit croustillant. Salez et poivrez. Ajoutez le laurier, le paprika et le vinaigre, puis laissez mijoter 5 minutes.
2. Incorporez les tomates, puis les pois chiches. Versez le bouillon de volaille et portez à ébullition. Laissez mijoter 15 minutes. Ajoutez les moules et faites-les cuire de 5 à 8 minutes, jusqu'à ce qu'elles s'ouvrent.
3. Préparez la pâte aux fines herbes. Mélangez la menthe, le persil et le zeste de citron dans un mortier, puis pilez le tout pour obtenir une pâte. Ajoutez le jus de citron et l'huile d'olive restante. Salez, poivrez, puis pilez à nouveau.
4. Répartissez la soupe aux moules dans quatre à six bols. Garnissez avec de la pâte aux fines herbes, puis servez.

Garnie de délicieuses boulettes de ricotta, cette soupe originale étonnera vos convives.

Soupe HARICOTS, PANCETTA & RICOTTA

Pour les boulettes de ricotta

- 200 g de ricotta égouttée
- 50 g de farine
- 100 g de parmesan râpé + un peu pour servir
- Le jaune de 1 gros œuf
- Le zeste finement râpé de 1 citron non traité
- Sel et poivre du moulin

Pour la soupe

- 400 g de haricots Borlotti
- 1 oignon
- 2 gousses d'ail
- 2 carottes
- 1 grosse pomme de terre
- 3 branches de céleri
- 120 g de pancetta
- 100 g de feuilles de chicorée
- 2 cuill. à soupe d'huile d'olive vierge extra
- 2 feuilles de laurier
- 400 g de tomates concassées en conserve, avec le jus
- 2 l de bouillon de volaille (voir la recette p. 117)
- 1 cuill. à soupe de marjolaine hachée
- 1 cuill. à soupe de persil haché
- Sel et poivre du moulin

Pour 4 à 6 personnes • Préparation : 30 min • Cuisson : 40 à 50 min • Difficulté : 2

Boulettes de ricotta

1. Réunissez tous les ingrédients dans un grand saladier, salez et poivrez. Malaxez le tout avec vos mains, jusqu'à obtention d'un mélange homogène et ferme. Si la consistance est trop fluide, ajoutez un peu de farine. Façonnez des boulettes de la taille d'une noix, puis réservez au réfrigérateur.

Soupe

2. Écossez les haricots. Pelez l'oignon et l'ail, puis hachez-les. Épluchez les carottes et la pomme de terre, puis détaillez-les en dés avec le céleri et la pancetta. Émincez la chicorée. Dans un fait-tout, faites chauffer l'huile d'olive à feu moyen, puis faites revenir la pancetta, jusqu'à ce qu'elle soit bien dorée. Ajoutez l'oignon, l'ail, les carottes, le céleri et le laurier. Salez, poivrez, puis faites revenir le tout 5 minutes.
3. Incorporez les tomates, versez le bouillon de volaille et portez à ébullition. Ajoutez les pommes de terre et les haricots, puis baissez le feu et laissez mijoter de 30 à 40 minutes, jusqu'à ce que les haricots soient tendres. Vérifiez l'assaisonnement.
4. Ajoutez la chicorée, la marjolaine et le persil. Incorporez les boulettes de ricotta et laissez mijoter 4 minutes à feu doux pour les réchauffer. Retirez-les avec une écumoire, puis répartissez-les dans quatre à six bols. Arrosez-les de soupe et servez.

Soupe verte POULET & PÂTES

- 3 cuisses de poulet, sans la peau
- 2 échalotes
- 2 gousses d'ail
- 50 g de feuilles de chicorée
- 2 branches de céleri
- 1 poireau
- 50 g de blettes
- 15 g de beurre
- 2 cuill. à soupe d'huile d'olive vierge extra
- 1,5 l de bouillon de volaille (voir la recette p. 117)
- 250 g de spaghettis
- 50 g de pousses d'épinards
- Sel et poivre du moulin

Pour servir

- Parmesan râpé

Pour 4 à 6 personnes • Préparation : 20 min • Cuisson : 30 min • Difficulté : 1

1. Détaillez le poulet en dés. Pelez les échalotes et l'ail, puis hachez-les avec la chicorée. Émincez le céleri, le poireau et les bettes. Dans un fait-tout, faites chauffer le beurre et l'huile d'olive à feu moyen. Ajoutez le poulet et faites-le revenir, jusqu'à ce qu'il soit bien doré. Réservez.
2. Ajoutez les échalotes, l'ail, le céleri et le poireau dans le fait-tout. Salez, poivrez, puis faites revenir les légumes 5 minutes. Remettez le poulet dans le fait-tout, versez le bouillon de volaille et portez à ébullition. Baissez le feu, puis laissez mijoter 10 minutes à feu doux. Cassez les spaghettis en morceaux de 5 cm, puis ajoutez-les à la soupe avec la chicorée et les bettes. Laissez mijoter encore 10 minutes, puis incorporez les pousses d'épinards.
3. Vérifiez l'assaisonnement. Répartissez la soupe dans quatre à six bols, puis servez avec le parmesan râpé.

Soupe AGNEAU & ORGE PERLÉ

- 750 g d'épaule d'agneau dégraissée
- 20 g de cèpes séchés
- 1 oignon
- 3 gousses d'ail
- 1 poireau
- 3 branches de céleri
- 45 g de beurre
- 4 cuill. à soupe d'huile d'olive vierge extra
- 1 brin de romarin
- 8 brins de thym
- 2 feuilles de laurier
- 30 cl de vin blanc sec
- 2,5 l de bouillon de bœuf (voir la recette p. 114)
- 150 g d'orge perlé
- Sel et poivre du moulin

Pour 4 à 6 personnes • Préparation : 20 min • Cuisson : 2 h • Difficulté : 1

1. Détaillez l'agneau en dés. Faites tremper les cèpes dans un peu d'eau tiède. Pelez l'oignon et l'ail, puis hachez-les. Émincez le poireau et le céleri. Dans un fait-tout, faites chauffer le beurre et l'huile d'olive à feu vif. Ajoutez l'agneau, salez et poivrez. Faites revenir la viande jusqu'à ce qu'elle soit bien dorée, puis retirez-la du fait-tout. Réservez.
2. Baissez le feu. Ajoutez l'oignon, l'ail, le poireau, le céleri et les fines herbes. Salez, poivrez, puis faites revenir 5 minutes à feu moyen. Incorporez les champignons avec l'eau de trempage et le vin blanc, puis laissez mijoter 10 minutes, jusqu'à réduire le liquide de moitié. Ajoutez l'agneau, versez le bouillon de bœuf et portez à ébullition. Baissez le feu, couvrez, puis laissez mijoter 1 heure.
3. Ajoutez l'orge perlé et prolongez la cuisson de 40 minutes, jusqu'à ce que les grains soient tendres. Servez.

Typiquement espagnole, cette soupe consistante comblera les gros appétits. Vous pouvez la servir avec des tranches de pain, grillées ou non.

Soupe CHORIZO, TOMATES & ŒUFS

- 2 saucisses de porc
- 1 chorizo entier
- 2 oignons
- 1 poivron rouge
- 3 gousses d'ail
- 3 cuill. à soupe d'huile d'olive vierge extra
- 2 feuilles de laurier
- 1 pincée de safran en poudre
- 1 cuill. à soupe de paprika fumé
- 1 cuill. à café de graines de fenouil en poudre
- 400 g de pois chiches en conserve, égouttés
- 400 g de tomates concassées en conserve, avec le jus
- 2 l de bouillon de volaille (voir la recette p. 117)
- Sel et poivre du moulin

Pour servir

- 4 gros œufs durs
- 1 cuill. à soupe d'origan haché
- 1 cuill. à soupe de persil haché

Pour 4 à 6 personnes • Préparation : 20 min • Cuisson : 35 à 45 min • Difficulté : 1

1. Retirez la peau des saucisses et divisez la chair en gros morceaux avec vos doigts. Tranchez finement le chorizo. Pelez les oignons, épépinez le poivron, puis détaillez-les en dés. Pelez et écrasez les gousses d'ail.
2. Dans un fait-tout, faites chauffer l'huile d'olive à feu moyen. Ajoutez une petite quantité de chair à saucisse et de chorizo, puis faites-les revenir, jusqu'à ce qu'ils soient dorés. Retirez et réservez. Répétez l'opération avec la chair à saucisse et le chorizo restants.
3. Ajoutez les oignons, l'ail, le poivron, le laurier, le safran, le paprika et les graines de fenouil dans le fait-tout. Laissez cuire de 5 à 10 minutes. Incorporez les pois chiches et les tomates, versez le bouillon de volaille, puis portez à ébullition. Ajoutez la chair à saucisse et le chorizo. Baissez le feu et laissez mijoter 25 minutes.
4. Vérifiez l'assaisonnement. Écalez les œufs et coupez-les en quatre. Répartissez la soupe dans quatre à six bols, garnissez de quartiers d'œufs durs et parsemez de fines herbes. Servez.

Si cette recette vous plaît, vous aimerez aussi…

60
Soupe indienne aux LENTILLES

72
Gumbo de POULET

73
Soupe POULET & NOIX DE CAJOU

Gumbo de POULET

- 1 chorizo entier
- 2 tranches de bacon, sans la couenne
- 4 cuisses de poulet, sans la peau
- 1 oignon rouge
- 2 gousses d'ail
- 1 poivron vert
- 2 branches de céleri
- 2 cuill. à soupe d'huile végétale
- 2 cuill. à soupe de farine
- 1 cuill. à café de piment de Cayenne
- 1 cuill. à café de feuilles de thym
- 2 feuilles de laurier
- 400 g de tomates concassées en conserve, avec le jus
- 1,5 l de bouillon de volaille (voir la recette p. 117)
- Sel et poivre du moulin

Pour 4 à 6 personnes • Préparation : 30 min • Cuisson : 45 à 50 min • Difficulté : 1

1. Retirez la peau du chorizo et tranchez-le finement. Hachez le bacon, puis détaillez le poulet en dés. Pelez l'oignon et l'ail, puis hachez-les. Épépinez le poivron et coupez-le en dés avec le céleri. Dans un fait-tout, faites chauffer l'huile à feu moyen. Faites revenir le chorizo et le bacon, jusqu'à ce qu'ils soient dorés et croustillants. Retirez du fait-tout et réservez.
2. Mélangez le poulet avec la farine et le piment de Cayenne dans un saladier. Salez et poivrez. Dans le fait-tout, faites revenir une petite quantité de poulet, jusqu'à ce qu'il soit doré. Retirez du fait-tout et réservez. Répétez l'opération avec le poulet restant.
3. Mettez l'oignon, l'ail, le poivron, le céleri, le thym et le laurier dans le fait-tout. Salez, poivrez, puis laissez cuire 5 minutes. Incorporez les tomates, versez le bouillon de volaille et portez à ébullition. Ajoutez le chorizo, le bacon et le poulet réservés. Baissez le feu, puis laissez mijoter 30 minutes, jusqu'à ce que la soupe épaississe légèrement. Servez.

Soupe POULET & NOIX DE CAJOU

- 1 oignon
- 2 gousses d'ail
- 1 grosse pomme de terre
- 1 morceau de gingembre de 2,5 cm
- 4 cuisses de poulet, sans la peau
- 1 pincée de pistils de safran
- 2 cuill. à soupe d'eau chaude
- 3 cuill. à soupe d'huile d'arachide
- 3 cuill. à soupe de purée de noix de cajou (dans les magasins bio)
- 1 bâton de cannelle
- 1 pincée de clous de girofle en poudre
- 1 pincée de cardamome en poudre
- 1 cuill. à café de paprika fort
- 1 cuill. à café de coriandre en poudre
- 1,5 l de bouillon de volaille (voir la recette p. 117)
- 25 cl de lait de coco
- 5 cuill. à soupe de crème fraîche liquide
- Sel et poivre du moulin

Pour servir

- Quelques feuilles de coriandre
- 2 cuill. à soupe de noix de cajou hachées

Pour 4 à 6 personnes • Préparation : 20 min • Cuisson : 40 min • Difficulté : 1

1. Pelez l'oignon et l'ail, puis hachez-les. Épluchez la pomme de terre, puis coupez-la en dés. Râpez le gingembre. Détaillez le poulet en dés. Laissez infuser le safran dans l'eau chaude et réservez.
2. Dans un fait-tout, faites chauffer l'huile à feu doux. Faites revenir l'oignon pendant 10 minutes, jusqu'à ce qu'il soit caramélisé. Ajoutez l'ail, le gingembre, le poulet et la purée de noix de cajou. Incorporez toutes les épices, salez et poivrez. Faites revenir 5 minutes en retournant le poulet jusqu'à ce qu'il soit saisi de chaque côté.
3. Ajoutez la pomme de terre, versez le bouillon de volaille et portez à ébullition. Baissez le feu, puis laissez mijoter 20 minutes. La soupe doit légèrement épaissir.
4. Incorporez le lait de coco et la crème fraîche. Vérifiez l'assaisonnement, puis prolongez la cuisson de 5 minutes. Répartissez la soupe dans quatre à six bols. Garnissez de coriandre et de noix de cajou, puis servez.

Voici un plat relevé et réconfortant, à mi-chemin entre la soupe et le ragoût. Laissez mijoter l'agneau longtemps afin qu'il soit bien tendre.

Soupe orientale AGNEAU & LÉGUMES

- 500 g d'épaule d'agneau, dégraissée
- 1/2 cuill. à café de coriandre en poudre
- 1/2 cuill. à café de cumin en poudre
- 1/2 cuill. à café de cannelle en poudre
- 1 pincée de curcuma en poudre
- 1 pincée de cardamome en poudre
- 4 échalotes
- 1 poireau
- 1 grosse carotte
- 1 grosse pomme de terre
- 1 patate douce de taille moyenne
- 45 g de beurre
- 3 cuill. à soupe d'huile végétale
- 1 morceau de gingembre de 1 cm
- 8 brins de thym
- 2 feuilles de laurier
- 3 cuill. à soupe de coulis de tomates
- 2 l de bouillon de volaille (voir la recette p. 117)
- 150 g de petits pois
- Sel et poivre du moulin

Pour servir

- 1/2 yaourt à la grecque
- 1 pincée de cumin en poudre
- 1 pincée de sumac en poudre
- 1 cuill. à soupe de menthe hachée
- 250 g de semoule de couscous, déjà cuite
- Sel et poivre du moulin

Pour 4 à 6 personnes • Préparation : 30 min • Marinade : 30 min • Cuisson : 2 h • Difficulté : 2

1. Détaillez la viande en dés et mettez-la dans un plat creux. Dans un bol, mélangez toutes les épices, salez et poivrez. Saupoudrez ce mélange sur la viande et remuez avec vos mains pour bien l'enrober. Laissez mariner 30 minutes au réfrigérateur. Pendant ce temps, pelez les légumes, puis émincez-les. Râpez le gingembre. Écossez les petits pois.
2. Dans un fait-tout, faites chauffer le beurre et l'huile à feu moyen. Faites revenir la viande par petites quantités, jusqu'à ce qu'elle soit dorée. Retirez et réservez avec le jus de cuisson. Ajoutez les échalotes, le poireau, la carotte, le gingembre, le thym et le laurier dans le fait-tout. Salez, poivrez, puis faites revenir les légumes de 5 à 10 minutes, jusqu'à ce qu'ils soient tendres. Versez le coulis de tomates et prolongez la cuisson de 2 minutes. Ajoutez le bouillon de volaille, la viande et son jus, puis portez à ébullition. Couvrez, baissez le feu et laissez mijoter 1 heure.
3. Ajoutez la pomme de terre et la patate douce, puis laissez mijoter encore 30 minutes. Incorporez les petits pois, vérifiez l'assaisonnement et laissez cuire, jusqu'à ce que la viande soit fondante.
4. Réunissez le yaourt, le cumin, le sumac et la menthe dans un petit saladier. Salez, poivrez, puis mélangez bien. Déposez une portion de couscous dans chaque bol de service, arrosez de soupe, puis garnissez d'un peu de yaourt épicé. Servez.

Soupe POIS CASSÉS & PETIT ÉPEAUTRE

- 4 échalotes
- 2 gousses d'ail
- 1 poireau
- 100 g de blettes
- 1 grosse courgette
- 2 branches de céleri
- 3 cuill. à soupe d'huile d'olive vierge extra
- 200 g de petit épeautre (dans les magasins bio)
- 180 g de pois cassés
- 2 l de bouillon de légumes (voir la recette p. 116)
- 120 g de pâtes *fregola sarda* (dans les épiceries italiennes)
- Sel et poivre du moulin

Pour servir

- 1 cuill. à soupe de persil haché
- Parmesan râpé

Pour 4 à 6 personnes • Préparation : 15 min • Cuisson : 45 min à 1 h • Difficulté : 1

1. Pelez les échalotes et l'ail, puis hachez-les finement. Émincez le poireau et les bettes. Détaillez la courgette en dés avec le céleri.
2. Dans un fait-tout, faites chauffer l'huile d'olive à feu moyen. Ajoutez les échalotes, l'ail, le poireau et le céleri. Salez, poivrez, puis laissez cuire 5 minutes. Incorporez le petit épeautre et les pois cassés. Versez le bouillon de légumes, portez à ébullition, puis laissez mijoter de 30 à 40 minutes à feu doux.
3. Ajoutez les pâtes, les bettes et la courgette. Vérifiez l'assaisonnement et laissez cuire de 10 à 15 minutes, jusqu'à ce que les pois et les graines soient tendres.
4. Répartissez la soupe dans quatre à six bols. Parsemez de persil et de parmesan, puis servez.

Soupe PORC, POIS CHICHES & HARICOTS VERTS

- 1 oignon
- 2 gousses d'ail
- 1 carotte
- 1 grosse pomme de terre
- 1 bulbe de fenouil
- 150 g de haricots verts, équeutés
- 600 g d'épaule de porc, dégraissée
- 3 cuill. à soupe de farine
- 30 g de beurre
- 2 cuill. à soupe d'huile d'olive vierge extra
- 1 cuill. à soupe de graines de fenouil en poudre
- 2 cuill. à café de feuilles de romarin hachées
- 2,5 l de bouillon de volaille (voir la recette p. 117)
- 400 g de pois chiches en conserve, égouttés

Pour 4 à 6 personnes • Préparation : 20 min • Cuisson : 1h40 • Difficulté : 1

1. Pelez, puis hachez l'oignon et l'ail. Pelez la carotte et la pomme de terre, puis coupez-les en dés avec le fenouil. Détaillez les haricots verts en tronçons.
2. Coupez la viande en dés de 2 cm de côté, puis passez-les dans la farine. Salez et poivrez. Dans un fait-tout, faites chauffer le beurre et l'huile d'olive à feu moyen. Ajoutez la viande par petites quantités et faites-la revenir, jusqu'à ce qu'elle soit dorée de tous côtés. Retirez et réservez.
3. Mettez l'oignon, l'ail, la carotte, le fenouil, les graines de fenouil et le romarin dans le fait-tout. Salez, poivrez et laissez cuire 5 minutes. Incorporez la viande, versez le bouillon de volaille et portez à ébullition. Couvrez, puis laissez mijoter 1 heure à feu doux. Ajoutez les pois chiches et la pomme de terre, puis prolongez la cuisson de 20 minutes. Ajoutez les haricots verts, vérifiez l'assaisonnement et laissez cuire encore 5 minutes.
4. Répartissez la soupe dans quatre à six bols et servez.

Le petit épeautre est une céréale cultivée depuis plus de 2500 ans. Longtemps oubliée, elle est aujourd'hui remise au goût du jour. Ses qualités nutritionnelles sont exceptionnelles.

Soupe BŒUF, PETIT ÉPEAUTRE & LÉGUMES

- 500 g de rumsteck dégraissé
- 4 échalotes
- 50 g de feuilles de chou
- 3 gousses d'ail
- 1 carotte
- 1 grosse pomme de terre
- 1 patate douce de taille moyenne
- 2 branches de céleri
- 75 g de chair de potiron
- 75 g de haricots verts
- 45 g de beurre
- 4 cuill. à soupe d'huile végétale
- 2 feuilles de laurier
- 8 brins de thym
- 200 g de petit épeautre (dans les magasins bio)
- 3 l de bouillon de bœuf (voir la recette p. 114)
- 75 g de petits pois
- Sel et poivre du moulin

Pour 4 à 8 personnes • Préparation : 30 min • Cuisson : 1h10 • Difficulté : 1

1. Coupez la viande en dés de 2 cm de côté. Pelez les échalotes et l'ail, puis hachez-les. Émincez les feuilles de chou. Épluchez la carotte, la pomme de terre et la patate douce, puis détaillez-les en dés avec le céleri et le potiron. Coupez les haricots verts en tronçons.
2. Dans un fait-tout, faites chauffer le beurre et l'huile à feu vif. Ajoutez la viande par petites quantités. Salez et poivrez, puis faites-la revenir, jusqu'à ce qu'elle soit dorée. Retirez et réservez. Baissez le feu, ajoutez les échalotes, l'ail, la carotte, le céleri, le laurier et le thym. Salez, poivrez, puis laissez cuire 5 minutes à feu moyen.
3. Incorporez le petit épeautre et le chou. Versez le bouillon de bœuf, portez à ébullition, puis ajoutez la viande. Couvrez et laissez mijoter 30 minutes à feu doux. Ajoutez la pomme de terre, la patate douce et le potiron, puis prolongez la cuisson de 20 minutes. Incorporez les petits pois et les haricots verts, puis laissez cuire encore 5 minutes. La viande doit être fondante.
4. Répartissez la soupe dans quatre à huit bols et servez.

Si cette recette vous plaît, vous aimerez aussi...

Soupe BOULETTES D'AGNEAU & CHOU

Soupe campagnarde au CHOU

Soupe PORC, HARICOTS & POTIRON

Soupe campagnarde au CHOU

- 750 g de feuilles de chou frisé
- 1 pomme de terre de taille moyenne
- 1 gros oignon
- 250 g de bacon, sans la couenne
- 120 g de saucisse fumée
- 15 g de beurre
- 1 cuill. à café de paprika doux
- 1 cuill. à soupe de marjolaine (ou d'aneth) hachée
- 1,5 l d'eau
- 15 cl de crème aigre (ou de crème fraîche additionnée de quelques gouttes de jus de citron vert)
- Sel et poivre du moulin

Pour servir

- Quelques feuilles de persil

Pour 6 personnes • Préparation : 20 min • Cuisson : 30 min • Difficulté : 1

1. Émincez finement les feuilles de chou. Épluchez, puis détaillez la pomme de terre en dés. Pelez l'oignon et hachez-le avec le bacon. Coupez la saucisse en tronçons.
2. Dans un fait-tout, faites revenir le bacon pendant 5 minutes à feu moyen. Incorporez le beurre et l'oignon, puis faites revenir 3 ou 4 minutes, jusqu'à ce que l'oignon soit translucide. Ajoutez la pomme de terre, le paprika et la marjolaine. Baissez le feu et laissez cuire de 8 à 10 minutes.
3. Ajoutez le chou et versez l'eau. Portez à ébullition, puis laissez mijoter 5 minutes à feu doux. Salez et poivrez.
4. Incorporez la crème aigre et la saucisse. Augmentez le feu, puis laissez frémir 2 ou 3 minutes. Saupoudrez du reste de paprika, parsemez de persil et servez.

Soupe PORC, HARICOTS & POTIRON

- 500 g d'échine de porc
- 1 cuill. à café de cumin en poudre
- 1 cuill. à café de coriandre en poudre
- 1 cuill. à café de piment de Cayenne
- 1/2 cuill. à café de gingembre en poudre
- 1/2 cuill. à café de cannelle en poudre
- 1 pincée de quatre-épices
- 1 pincée de noix de muscade râpée
- 1 oignon
- 2 gousses d'ail
- 1 grosse pomme de terre
- 100 g de chair de potiron
- 45 g de beurre
- 3 cuill. à soupe d'huile d'olive vierge extra
- 250 g de tomates concassées en conserve
- 2 l de bouillon de volaille (voir la recette p. 117)
- 400 g de haricots cornilles en conserve, égouttés (dans les épiceries fines)
- Sel et poivre du moulin

Pour servir

- Quelques feuilles de coriandre

Pour 4 à 6 personnes • Préparation : 15 min • Marinade : 30 min • Cuisson : 1 h 40 • Difficulté : 1

1. Détaillez la viande en dés de 2,5 cm de côté, puis transférez-les dans un plat creux avec toutes les épices. Salez et poivrez. Mélangez et laissez mariner 30 minutes au réfrigérateur. Pelez l'oignon et l'ail, puis hachez-les. Pelez la pomme de terre et coupez-la en dés avec le potiron.
2. Dans un fait-tout, faites chauffer le beurre et l'huile d'olive à feu moyen. Ajoutez quelques dés de viande et faites-les dorer. Répétez l'opération avec le reste de viande. Retirez du fait-tout et réservez avec le jus de cuisson.
3. Ajoutez l'oignon et l'ail dans le fait-tout. Salez, poivrez, puis faites revenir 3 ou 4 minutes. Remettez la viande et son jus, ajoutez les tomates et versez le bouillon de volaille. Portez à ébullition, couvrez, puis laissez mijoter 1 heure à feu doux. Incorporez les haricots cornilles, la pomme de terre et le potiron. Prolongez la cuisson de 30 minutes.
4. Vérifiez l'assaisonnement et la cuisson de la viande, qui doit être fondante. Répartissez la soupe dans quatre à six bols, garnissez de coriandre et servez.

Soupes traditionnelles

Laksa aux CREVETTES (Malaisie)

- 12 grosses crevettes crues
- 2 échalotes
- 2 gousses d'ail
- 1 morceau de gingembre de 2,5 cm
- 2 piments rouges
- 250 g de dés de tofu frit (dans les épiceries asiatiques)
- 2 cuill. à soupe d'huile végétale
- 4 cuill. à soupe de pâte de laksa (dans les épiceries asiatiques)
- 1 cuill. à soupe de pâte de crevettes (dans les épiceries asiatiques)
- 1 l de bouillon de volaille (voir la recette p. 117)
- 1 blanc de poulet, sans la peau
- 40 cl de lait de coco
- 1 cuill. à café de cassonade
- 3 cuill. à soupe de sauce nam pla (à base de poisson)
- Le jus de 1 citron vert
- Sel et poivre du moulin

Pour servir

- 1 ciboule
- 250 g de nouilles de riz
- 350 g de nouilles chinoises aux œufs
- Quelques pousses de soja
- 4 cuill. à soupe de feuilles de coriandre
- Quartiers de citron vert

Pour 4 à 6 personnes • Préparation : 30 min • Cuisson : 30 à 35 min • Difficulté : 2

1. Décortique et retirez la veine noire et la tête des crevettes. Pelez et hachez les échalotes, l'ail et le gingembre. Épépinez et émincez les piments rouges. Dans un fait-tout, faites chauffer l'huile à feu moyen, puis faites-y revenir la pâte de laksa 30 secondes. Ajoutez les échalotes, l'ail, le gingembre et 1 piment. Salez, poivrez, puis laissez cuire 2 minutes.
2. Incorporez la pâte de crevettes et versez le bouillon de volaille. Portez à ébullition, ajoutez le poulet, puis laissez-le pocher 20 minutes à feu doux. Retirez-le du fait-tout, laissez-le refroidir et déchirez-le en lanières. Remettez-les dans le fait-tout à feu moyen. Ajoutez le lait de coco, les crevettes, le tofu, la cassonade, la sauce nam pla et le jus de citron vert. Laissez mijoter de 6 à 8 minutes.
3. Émincez la ciboule. Faites cuire les nouilles selon les instructions figurant sur l'emballage, répartissez-les dans quatre à six bols, puis arrosez-les de soupe. Garnissez de pousses de soja, de ciboule, du piment rouge restant et de coriandre. Servez avec des quartiers de citron vert.

Si cette recette vous plaît, vous aimerez aussi...

Soupe au CANARD LAQUÉ

Tom yum au POULET

Pho au BŒUF

Velouté POIREAUX & POMMES DE TERRE (France)

- 1 oignon
- 3 grosses pommes de terre
- 6 gros poireaux
- 45 g de beurre
- 2 cuill. à soupe d'huile d'olive vierge extra
- 1,5 l de bouillon de volaille (voir la recette p. 117)
- 25 cl de crème fraîche épaisse
- Sel et poivre blanc du moulin

Pour servir

- 1 cuill. à soupe de ciboulette ciselée
- 1 cuill. à soupe de persil haché
- 1 pincée de paprika
- Tranches de pain (facultatif)

Pour 4 à 6 personnes • Préparation : 20 min • Cuisson : 25 à 30 min • Difficulté : 1

1. Pelez l'oignon et les pommes de terre, puis émincez-les avec les poireaux. Dans un fait-tout, faites chauffer le beurre et l'huile d'olive à feu doux. Ajoutez l'oignon et les poireaux. Salez, poivrez, puis couvrez. Laissez mijoter 20 minutes, en remuant de temps en temps. L'oignon ne doit pas se colorer.
2. Incorporez les pommes de terre, puis versez le bouillon de volaille. Laissez mijoter de 5 à 10 minutes, jusqu'à ce que les pommes de terre soient tendres. Transvasez la soupe dans le bol d'un robot et mixez pour obtenir un mélange lisse (ou utilisez un mixeur plongeant). Ajoutez la crème fraîche, salez et poivrez.
3. Répartissez le velouté obtenu dans quatre à six bols, garnissez de ciboulette, de persil et de paprika, puis servez éventuellement avec des tranches de pain.

Soupe de pois au JARRET DE PORC (Allemagne)

- 1 oignon
- 1 branche de céleri
- 2 gousses d'ail
- 2 cuill. à soupe d'huile d'olive vierge extra
- 350 g de jarret de porc fumé
- 250 g de pois cassés
- 4 brins de thym
- 1 feuille de laurier
- 1,5 l de bouillon de volaille (voir la recette p. 117)
- 300 g de petits pois
- Sel et poivre du moulin

Pour 4 à 6 personnes • Préparation : 25 min • Cuisson : 2h10 • Difficulté : 2

1. Pelez l'oignon, puis coupez-le en dés avec le céleri. Pelez et hachez l'ail. Écossez les petits pois. Dans un fait-tout, faites chauffer l'huile d'olive à feu moyen. Ajoutez l'oignon, l'ail et le céleri. Salez, poivrez, puis faites revenir 5 minutes. Incorporez le jarret de porc, les pois cassés, le thym et le laurier. Versez le bouillon de volaille, portez à ébullition, puis laissez mijoter 2 heures à feu doux, jusqu'à ce que la viande soit tendre et qu'elle commence à se défaire.

2. Retirez le jarret du fait-tout et laissez-le refroidir. Jetez le thym et le laurier, puis réduisez la soupe en un mélange lisse à l'aide d'un mixeur plongeant.

3. Détachez la viande de l'os et déchirez-la en lanières. Mettez-les avec la soupe mixée dans le fait-tout, puis ajoutez les petits pois et laissez mijoter 5 minutes sans porter à ébullition. Répartissez la soupe dans quatre à six bols et servez.

Soupe de POISSON (Grèce)

Pour 4 personnes • Préparation : 20 min • Cuisson : 40 à 45 min • Difficulté : 1

- 2 oignons de taille moyenne
- 4 gousses d'ail
- 1 kg de pommes de terre nouvelles
- 4 cuill. à soupe d'huile d'olive vierge extra
- 2 cuill. à soupe de persil haché
- 400 g de tomates en conserve, avec le jus
- 1 kg de poisson (rascasse, cabillaud, rouget...)
- Sel et poivre blanc du moulin

1. Pelez les oignons et l'ail, puis hachez-les. Brossez les pommes de terre et coupez-les en gros dés. Dans un fait-tout, faites chauffer 3 cuillerées à soupe d'huile d'olive à feu doux. Ajoutez les oignons, 3 gousses d'ail et le persil, faites revenir 7 ou 8 minutes, puis ajoutez les pommes de terre. Prolongez la cuisson de 5 minutes.
2. Incorporez les tomates, portez à ébullition, puis laissez mijoter 15 minutes à feu doux. Ajoutez le poisson et couvrez d'eau. Couvrez partiellement le fait-tout, puis laissez mijoter 10 minutes. Le poisson doit être cuit à cœur.
3. Salez et poivrez. Incorporez le reste d'huile et d'ail, laissez reposer 5 minutes, puis servez.

Bortsch VÉGÉTARIEN (Pologne)

Pour 4 à 6 personnes • Préparation : 15 min • Cuisson : 45 min • Difficulté : 1

- 1 oignon
- 1 gousse d'ail
- 100 g de feuilles de chou
- 750 g de betteraves rouges crues
- 1 grosse pomme de terre
- 1 grosse carotte
- 1/2 cuill. à café de graines de coriandre
- 1 cuill. à café de graines de fenouil
- 2 feuilles de laurier
- 2 l de bouillon de légumes (voir la recette p. 116)
- 2 cuill. à soupe de vinaigre de malt
- 1 cuill. à soupe de sucre en poudre
- Sel et poivre du moulin

1. Pelez l'oignon et l'ail, puis hachez-les. Émincez le chou. Épluchez les betteraves, la pomme de terre et la carotte, puis coupez-les en dés. Mettez les graines de coriandre dans une boule à thé et placez-la dans le fait-tout avec tous les légumes (sauf la pomme de terre), le laurier et le bouillon. Salez, poivrez, puis portez à ébullition. Laissez mijoter 25 minutes.
2. Ajoutez la pomme de terre, le vinaigre et le sucre. Prolongez la cuisson de 20 minutes. Vérifiez l'assaisonnement. Répartissez la soupe dans quatre à six bols, puis servez.

Soupe RIZ & PETITS POIS (Italie)

Pour 4 personnes • Préparation : 10 min • Cuisson : 30 à 40 min • Difficulté : 1

- 1 oignon
- 1 gousse d'ail
- 300 g de petits pois
- 60 g de beurre
- 3 cuill. à soupe d'huile d'olive vierge extra
- 1 cuill. à soupe de persil haché
- 1,5 l de bouillon de bœuf (voir la recette p. 114)
- 250 g de riz rond

Pour servir

- Parmesan râpé

1. Pelez l'oignon et l'ail, puis hachez-les. Écossez les petits pois. Dans un fait-tout, faites chauffer la moitié du beurre avec l'huile d'olive à feu moyen. Faites revenir l'oignon, l'ail et le persil 3 ou 4 minutes.
2. Ajoutez les petits pois avec 1 ou 2 louchées de bouillon de bœuf, couvrez et laissez mijoter 8 à 10 minutes à feu doux. Versez le bouillon restant, ajoutez le riz et laissez cuire de 13 à 15 minutes.
3. Incorporez le beurre restant et prolongez la cuisson, jusqu'à ce que le riz soit tendre. Parsemez de parmesan, puis servez.

Soupe de POULET (Grèce)

Pour 4 à 6 personnes • Préparation : 10 min • Cuisson : 20 min • Difficulté : 2

- 1,5 l de bouillon de volaille (voir la recette p. 117)
- 100 g de riz rond
- 2 feuilles de laurier
- 2 blancs de poulet, sans la peau
- 2 gros œufs
- Le jus de 1 citron
- 2 cuill. à soupe de persil haché
- Sel et poivre du moulin

Pour servir

- Persil grossièrement haché

1. Dans un fait-tout, réunissez le bouillon de volaille, le riz et le laurier. Laissez mijoter 8 minutes à feu moyen.
2. Ajoutez le poulet, puis laissez mijoter 10 minutes. Retirez le poulet, laissez-le légèrement refroidir et déchirez-le en lanières. Remettez-les dans le fait-tout tenu au chaud.
3. Battez légèrement les œufs avec le jus de citron dans un bol. Sans cesser de battre, incorporez progressivement 25 cl de bouillon chaud à ce mélange. Retirez le fait-tout du feu et intégrez le mélange aux œufs à la soupe, sans cesser de remuer. Salez et poivrez. Garnissez de persil, puis servez.

Soupe MISO (Japon)

- 30 g d'algues séchées (dans les magasins bio)
- 3 ciboules
- 150 g de tofu ferme
- 1,2 l d'eau
- 2 cuill. à café de dashi instantané (bouillon japonais) en granulés (dans les épiceries asiatiques)
- 5 cuill. à soupe de pâte de miso blanc
- 100 g de nouilles soba
- Sel

Pour 4 à 6 personnes • Préparation : 15 min • Cuisson : 10 min • Difficulté : 1

1. Réhydratez les algues séchées, puis émincez-les avec les ciboules. Détaillez le tofu en dés.
2. Versez l'eau dans une casserole à feu moyen, ajoutez le dashi et mélangez. Portez ce bouillon à ébullition, puis baissez le feu. Dans un bol, délayez le miso dans une louchée de bouillon chaud et reversez le tout dans la casserole. Ajoutez les algues et le tofu, laissez cuire 5 minutes, puis salez.
3. Faites cuire les nouilles soba selon les instructions figurant sur l'emballage. Égouttez-les, puis répartissez-les dans quatre à six bols. Arrosez de bouillon, garnissez de ciboules et servez.

Soupe POULET & NOUILLES (Chine)

- 2 gousses d'ail
- 50 g de brocoli chinois (dans les supermarchés asiatiques)
- 1 chou chinois
- 75 g de petits pois
- 1 blanc de poulet, sans la peau
- 1 l de bouillon de volaille (voir la recette p. 117)
- 2 cuill. à soupe de sauce soja claire
- 1 morceau de gingembre de 2,5 cm
- 1 cuill. à soupe de vinaigre de vin de riz
- 1 cuill. à café de sucre en poudre
- 250 g de nouilles chinoises aux œufs
- Sel et poivre du moulin

Pour 4 personnes • Préparation : 15 min • Cuisson : 20 min • Difficulté : 1

1. Pelez l'ail, puis hachez-le. Émincez le brocoli chinois et le chou. Écossez les petits pois. Détaillez le poulet en lamelles.
2. Dans un fait-tout, réunissez le bouillon de volaille, la sauce soja, le gingembre et l'ail. Portez à ébullition, puis ajoutez les lamelles de poulet, le vinaigre et le sucre. Salez, poivrez et laissez mijoter 10 minutes à feu doux. Incorporez le brocoli, le chou et les petits pois, puis prolongez la cuisson de 10 minutes, jusqu'à ce que le brocoli et le poulet soient tendres.
3. Faites cuire les nouilles selon les instructions figurant sur l'emballage. Égouttez-les et répartissez-les dans quatre bols. Arrosez de soupe, puis servez.

Originaire d'Italie, le minestrone est une soupe épaisse, haute en couleur et en saveurs. Il en existe autant de recettes que de cuisiniers, aussi n'hésitez pas à adapter selon vos goûts celle que nous vous proposons.

MINESTRONE (Italie)

- 1 oignon
- 1 poireau
- 60 g de feuilles de chou noir de Toscane
- 4 tomates bien mûres
- 1 carotte
- 1 grosse pomme de terre
- 2 branches de céleri
- 1 courgette
- 100 g de pancetta
- 2 cuill. à soupe d'huile d'olive vierge extra
- 2 l de bouillon de volaille (voir la recette p. 117)
- 75 g de fèves surgelées
- 150 g de petits pois surgelés
- 150 g de risonis (pâtes en forme de grain de riz)
- 1 cuill. à soupe de persil haché

Pour servir

- Quelques feuilles de basilic
- Parmesan râpé

Pour 4 à 6 personnes • Préparation : 20 min • Cuisson : 45 à 50 min • Difficulté : 1

1. Pelez, puis hachez l'oignon. Émincez le poireau et les feuilles de chou. Retirez la peau des tomates, épépinez-les et hachez-les. Pelez la carotte et la pomme de terre, puis détaillez-les en dés avec le céleri, la courgette et la pancetta. Dans un fait-tout, faites chauffer l'huile d'olive à feu moyen. Ajoutez l'oignon, le poireau, la carotte, le céleri et la pancetta. Salez, poivrez, puis faites revenir 5 minutes.
2. Incorporez les tomates et la pomme de terre, versez le bouillon de volaille, puis portez à ébullition. Baissez le feu et laissez mijoter 30 minutes.
3. Ajoutez les fèves, les petits pois, le chou, la courgette et les pâtes. Laissez cuire de 10 à 15 minutes.
4. Vérifiez la cuisson des pâtes et l'assaisonnement, puis incorporez le persil. Répartissez la soupe dans quatre à six bols, garnissez de basilic et servez avec le parmesan râpé.

Si cette recette vous plaît, vous aimerez aussi...

Soupe PETIT ÉPEAUTRE, RIZ & POIS

Soupe LENTILLES, BACON & LÉGUMES

Soupe RIZ & POMMES DE TERRE

Soupe à l'OIGNON (France)

- 600 g d'oignons
- 45 g de beurre
- 2 cuill. à soupe d'huile d'olive vierge extra
- 1 gousse d'ail
- 1 cuill. à café de farine
- 1,5 l de bouillon de bœuf (voir la recette p. 114)
- 120 g de gruyère râpé
- 2 cuill. à café de moutarde de Dijon
- 1 baguette de pain coupée en tranches
- Sel et poivre du moulin

Pour 4 à 6 personnes • Préparation : 20 min • Cuisson : 1h05 à 1h20 • Difficulté : 2

1. Pelez et émincez les oignons. Dans un fait-tout, faites chauffer le beurre et l'huile d'olive à feu doux. Ajoutez les oignons, salez et poivrez, puis laissez-les mijoter de 30 à 40 minutes, jusqu'à ce qu'ils soient caramélisés.
2. Pelez l'ail, puis hachez-le finement. Ajoutez-le au fait-tout, incorporez la farine et prolongez la cuisson de 5 minutes. Versez le bouillon de bœuf, portez à ébullition, puis laissez mijoter 20 minutes à feu doux. Pendant ce temps, préchauffez le four à 200 °C (therm. 6-7).
3. Mélangez le gruyère avec la moutarde dans un petit saladier, puis tartinez les tranches de pain de ce mélange. Répartissez la soupe dans des bols allant au four et couvrez-les de tartines (fromage vers le haut). Enfournez pour 10 à 15 minutes. Servez.

Bourride à l'AÏOLI (France)

Pour l'aïoli
- 2 gousses d'ail
- Les jaunes de 4 gros œufs
- 1 cuill. à soupe de vinaigre de vin blanc
- 35 cl d'huile d'olive vierge extra
- Sel et poivre du moulin

Pour la bourride
- 2 gousses d'ail
- 1 poireau
- 1 bulbe de fenouil
- 3 tomates
- 2 l de bouillon de poisson (voir la recette p. 113)
- 1 pincée de pistils de safran
- Le jus et le zeste de 1 orange
- 1 kg de filets de poisson blanc ferme
- Les jaunes de 4 gros œufs
- 2 cuill. à café de persil haché
- Sel et poivre du moulin

Pour servir
- Tranches de pain

Pour 4 à 6 personnes • Préparation : 20 min • Cuisson : 35 à 40 min • Difficulté : 3

Aïoli

1. Pelez et hachez l'ail. Mettez-le dans le bol d'un robot avec les jaunes d'œufs et le vinaigre, puis commencez à mixer. Versez progressivement l'huile d'olive, salez et poivrez, puis continuez à mixer jusqu'à obtenir la consistance d'une mayonnaise. Réservez.

Bourride

2. Pelez, puis hachez l'ail. Émincez le poireau et le fenouil. Retirez la peau des tomates, épépinez-les et hachez-les. Dans un fait-tout, réunissez tous les légumes, le bouillon, le safran, le jus et le zeste d'orange. Salez, poivrez, puis portez à ébullition. Baissez le feu et laissez mijoter 20 minutes.

3. Détaillez le poisson en gros dés, ajoutez-les à la soupe et laissez pocher 5 minutes à feu doux. Retirez-les à l'aide d'une écumoire, puis réservez.

4. Fouettez 20 cl d'aïoli avec les jaunes d'œufs dans un bol. Incorporez ce mélange à la soupe et laissez-la mijoter de 10 à 15 minutes, jusqu'à ce qu'elle épaississe légèrement. Ajoutez le persil, puis remettez le poisson dans la soupe pour le réchauffer. Répartissez la soupe dans quatre à six bols, puis servez avec le reste de l'aïoli et quelques tranches de pain.

BOUILLABAISSE (France)

Pour 6 à 8 personnes • Préparation : 15 min • Cuisson : 40 à 45 min • Difficulté : 2

- 3 cuill. à soupe d'huile d'olive vierge extra
- 2 oignons émincés
- 1 bulbe de fenouil émincé
- 2 gousses d'ail hachées
- 1 piment rouge haché
- 30 cl de vin blanc sec
- 1 pincée de pistils de safran, infusée dans un peu d'eau chaude
- 1 pincée de piment de Cayenne
- 400 g de tomates concassées en conserve
- 4 cuill. à soupe de persil haché
- 2 l de bouillon de poisson (voir la recette p. 113)
- 6 filets de rouget, parés
- 12 crevettes crues
- 18 moules, rincées et ébarbées
- 24 palourdes, rincées
- 2 corps de calmars, nettoyés et émincés
- Sel et poivre du moulin

1. Faites chauffer l'huile d'olive dans un fait-tout à feu doux. Ajoutez les oignons, le fenouil, l'ail et le piment rouge, salez et poivrez, puis faites revenir de 10 à 15 minutes. Versez le vin blanc et laissez le liquide réduire des trois quarts de son volume. Incorporez le safran, le piment de Cayenne, les tomates, le persil et le bouillon, puis laissez mijoter 20 minutes.
2. Ajoutez le poisson et tous les fruits de mer, puis laissez pocher de 8 à 10 minutes. Servez.

Soupe de riz au POULET (Vietnam)

Pour 6 à 8 personnes • Préparation : 15 min • Cuisson : 1h30 • Difficulté : 2

- 2 cuill. à soupe d'huile d'olive vierge extra
- 1 petit poulet coupé en 8 morceaux
- 1 oignon émincé
- 1 gousse d'ail hachée
- 1 carotte coupée en dés
- 2 feuilles de laurier
- 3 l de bouillon de volaille (voir la recette p. 117)
- 200 g de riz
- Sel et poivre du moulin

Pour servir

- 3 cuill. à soupe de persil haché

1. Dans un fait-tout, chauffez l'huile d'olive à feu moyen, puis faites dorer les morceaux de poulet. Réservez. Ajoutez l'oignon, l'ail et la carotte dans le fait-tout, salez et poivrez. Faites revenir 5 minutes, puis remettez le poulet avec le laurier. Versez le bouillon de volaille, couvrez et laissez mijoter 1 heure. Retirez le poulet à l'aide d'une écumoire et laissez-le refroidir. Jetez la peau, déchirez la chair en lanières, puis remettez-les dans la soupe.
2. Réchauffez la soupe, puis ajoutez le riz. Portez à ébullition et laissez mijoter 20 minutes.
3. Parsemez la soupe de persil, puis servez.

Soupe au THON GRILLÉ (Japon)

Pour 4 à 6 personnes • Préparation : 10 min • Cuisson : 10 à 15 min • Difficulté : 2

- 30 g d'algues séchées
- 150 g de dés de tofu ferme
- 1,5 l de bouillon de poisson (voir la recette p. 113)
- 1 cuill. à soupe de sauce soja
- 2 cuill. à café de dashi instantané (bouillon japonais) en granulés
- 5 cuill. à soupe de pâte de miso blanc
- 1 filet de thon de 400 g
- 4 cuill. à soupe de graines de sésame
- 2 cuill. à soupe d'huile de sésame
- 120 g de nouilles soba
- Sel

1. Réhydratez les algues et émincez-les. Dans un fait-tout, portez à ébullition le bouillon, la sauce soja et le dashi. Délayez le miso dans un peu de bouillon chaud, puis reversez-le dans le fait-tout. Ajoutez les algues et le tofu, puis laissez cuire 5 minutes. Salez.
2. Roulez le thon dans les graines de sésame. Faites chauffer une poêle à feu vif, ajoutez l'huile de sésame, puis saisissez le thon 5 secondes de chaque côté. Retirez-le et tranchez-le finement. Faites cuire les nouilles soba selon les instructions figurant sur l'emballage. Égouttez. Répartissez-les dans quatre à six bols et arrosez-les de soupe. Ajoutez le thon et servez.

Soupe au CANARD LAQUÉ (Chine)

Pour 4 à 6 personnes • Préparation : 15 min • Cuisson : 5 à 7 min • Difficulté : 1

- 2 l de bouillon de volaille (voir la recette p. 117)
- 2 cuill. à soupe de sauce hoisin (dans les épiceries asiatiques)
- 1/2 cuill. à café de gingembre haché
- 2 cuill. à café de vinaigre de vin de riz
- 1 canard laqué
- 1 bouquet de brocoli chinois
- 350 g de nouilles chinoises aux œufs
- Sel et poivre du moulin

1. Versez le bouillon de volaille, la sauce hoisin, le gingembre et le vinaigre dans un fait-tout. Portez à ébullition.
2. Pendant ce temps, détachez la viande de la carcasse du canard, puis tranchez-la. Hachez le brocoli et ajoutez-le au bouillon avec la viande. Salez et poivrez. Laissez mijoter, jusqu'à ce que le brocoli soit tendre.
3. Faites cuire les nouilles selon les instructions figurant sur l'emballage. Égouttez et répartissez dans quatre à six bols. Arrosez de soupe, puis servez.

Clam Chowder de la NOUVELLE-ANGLETERRE (États-Unis)

- 4 tranches de bacon, sans la couenne
- 2 pommes de terre de taille moyenne
- 60 g de beurre
- 2 cuill. à soupe d'huile végétale
- 1 oignon haché
- 1 branche de céleri émincée
- 1 poireau émincé
- 50 cl de lait
- 1 cuill. à café de feuilles de thym
- 1 feuille de laurier
- 400 g de palourdes, rincées
- 50 cl de bouillon de poisson (voir la recette p. 113)
- 2 cuill. à soupe de farine
- 4 cuill. à soupe de crème fraîche liquide
- Sel et poivre blanc du moulin

Pour 4 à 6 personnes • Préparation : 30 min • Cuisson : 20 à 25 min • Difficulté : 2

1. Hachez le bacon. Épluchez et détaillez les pommes de terre en dés. Dans un fait-tout, faites chauffer la moitié du beurre avec l'huile à feu moyen. Ajoutez le bacon et faites-le revenir, jusqu'à ce qu'il soit doré. Baissez le feu, puis ajoutez l'oignon, le céleri et le poireau. Salez, poivrez et laissez mijoter, jusqu'à ce que les légumes soient fondants.
2. Ajoutez les pommes de terre, le lait, le thym et le laurier. Laissez mijoter de 10 à 15 minutes.
3. Pendant ce temps, mettez les palourdes dans une casserole, couvrez-les de bouillon et laissez-les cuire à feu doux, jusqu'à ce qu'elles s'ouvrent. Ôtez du feu, retirez les palourdes à l'aide d'une écumoire, puis jetez les coquilles. Passez le bouillon dans un chinois et réservez.
4. Faites fondre le reste du beurre dans une petite casserole. Ajoutez la farine et laissez cuire 2 minutes. Versez le bouillon réservé, puis mélangez à l'aide d'une cuillère en bois pendant 2 minutes. Incorporez la chair des palourdes, puis transvasez le tout dans le fait-tout. Ajoutez la crème fraîche, mélangez bien et servez.

Tom yum au POULET (Thaïlande)

- 1 tige de citronnelle
- 250 g de petits champignons de Paris
- 1 morceau de gingembre de 7,5 cm
- 2 blancs de poulet, sans la peau
- 2 cuill. à soupe d'huile végétale
- 2 cuill. à soupe de pâte de curry rouge thaï (dans les épiceries asiatiques)
- 1,5 l de bouillon de volaille (voir la recette p. 117)
- 6 feuilles de citron vert
- 50 cl de lait de coco
- 2 cuill. à soupe de pulpe de tamarin (dans les épiceries asiatiques)
- 4 cuill. à soupe de jus de citron
- 2 cuill. à soupe de sauce nam pla (à base de poisson)
- 3 cuill. à soupe de cassonade

Pour servir

- 1 gros piment rouge
- Quelques feuilles de coriandre
- Échalotes frites (facultatif)

Pour 4 à 6 personnes • Préparation : 20 min • Cuisson : 10 min • Difficulté : 1

1. Coupez la citronnelle en tronçons de 5 cm et les champignons en quatre. Pelez le gingembre, puis émincez-le dans le sens de la longueur. Détaillez le poulet en fines lamelles.
2. Dans un fait-tout, faites chauffer l'huile à feu moyen. Ajoutez la pâte de curry et faites-la revenir 30 secondes. Versez le bouillon de volaille avec la citronnelle, le gingembre et les feuilles de citron vert, puis portez à ébullition. Incorporez le lait de coco, le poulet, le tamarin, le jus de citron, la sauce nam pla et la cassonade. Mélangez jusqu'à ce que le sucre soit dissous. Ajoutez les champignons, puis laissez cuire encore 1 minute.
3. Épépinez le piment et émincez-le. Répartissez le potage dans quatre à six bols, puis garnissez de piment, de coriandre et, éventuellement, d'échalotes frites. Servez.

Le pho est un plat traditionnel vietnamien composé d'un bouillon, de nouilles, de fines herbes et de viande – poulet ou bœuf. Au moment de servir, il est important de verser le bouillon brûlant sur la viande crue pour la saisir.

Pho au BŒUF (Vietnam)

Pour le pho

- 1 morceau de gingembre de 7,5 cm
- 2 oignons
- 2 cuill. à soupe d'huile végétale
- 1 tige de citronnelle
- 600 g de joues de bœuf
- 4 cuill. à soupe de sauce nam pla (à base de poisson)
- 5 anis étoilés
- 1 bâton de cannelle
- 5 clous de girofle
- 70 g de cassonade
- 2 l de bouillon de bœuf (voir la recette p. 114)
- Sel et poivre du moulin

Pour la garniture

- 2 petits piments rouges
- 2 ciboules
- 400 g de bœuf dans l'aloyau
- 350 g de nouilles de riz
- 50 g de pousses de soja
- Quelques feuilles de coriandre

Pour servir

- Quartiers de citron vert

Pour 4 à 6 personnes • Préparation 20 min • Cuisson : 2h40 à 2h50 • Difficulté : 2

Pho

1. Préchauffez le four à 200 °C (therm. 6-7). Pelez le gingembre et les oignons, puis hachez-les grossièrement. Mettez-les dans un plat allant au four et arrosez d'huile. Enfournez pour 30 à 40 minutes. Pendant ce temps, coupez la citronnelle en trois et détaillez les joues de bœuf en dés.
2. Dans un fait-tout, portez à ébullition le bouillon et tous les ingrédients du pho. Salez et poivrez. Couvrez et laissez mijoter 2 heures à feu doux. Retirez la viande à l'aide d'une écumoire, laissez-la refroidir, puis tranchez-la finement. Passez le liquide dans un chinois, rectifiez l'assaisonnement et réservez. Jetez les ingrédients solides.

Garniture

3. Épépinez, puis émincez les piments avec les ciboules. Détaillez l'aloyau en tranches très fines. Faites cuire les nouilles selon les instructions figurant sur l'emballage, égouttez-les et répartissez-les dans quatre à six bols. Garnissez des viandes cuites et crues, de piment, de ciboule, de pousses de soja et de coriandre. Réchauffez le bouillon, puis versez-le sur les nouilles et la garniture. Servez avec du citron vert.

Si cette recette vous plaît, vous aimerez aussi...

Laksa aux CREVETTES

Soupe MISO

Tom yum au POULET

Bisque de CREVETTES (France)

- 1 kg de crevettes crues
- 1 oignon
- 1 carotte
- 1 poireau
- 4 cuill. à soupe d'huile d'olive vierge extra
- 1 pincée de piment de Cayenne
- 1 cuill. à soupe de concentré de tomates
- 4 cuill. à soupe de cognac
- 1 l de bouillon de crevettes (voir la recette p. 118)
- 45 g de beurre
- 50 g de farine
- Sel et poivre du moulin

Pour servir

- 2 cuill. à soupe de persil haché

Pour 4 à 6 personnes • Préparation : 30 min • Cuisson : 30 min • Difficulté : 2

1. Décortiquez et retirez la veine noire des crevettes, en réservant 12 pièces entières. Pelez l'oignon et la carotte, puis hachez-les. Émincez le poireau. Dans un fait-tout, faites chauffer l'huile d'olive à feu moyen, puis ajoutez la chair des crevettes, les légumes et le piment de Cayenne. Salez, poivrez, puis faites revenir 5 minutes. Incorporez le concentré de tomates, prolongez la cuisson de 1 minute, puis déglacez avec le cognac.
2. Versez le bouillon de crevettes, portez à ébullition, puis laissez mijoter 15 minutes à feu doux. Retirez du feu et réduisez la soupe en un mélange lisse à l'aide d'un mixeur. Passez la soupe dans un chinois et réservez.
3. Faites fondre le beurre dans le fait-tout, incorporez la farine et laissez cuire 2 minutes à feu doux. Ajoutez la soupe, puis prolongez la cuisson sans cesser de remuer, jusqu'à ce que la soupe commence à épaissir.
4. Ajoutez les crevettes entières et laissez cuire encore 5 minutes. Répartissez la soupe dans quatre à six bols, parsemez de persil, puis servez.

Chowder de FRUITS DE MER (Irlande)

- 2 gousses d'ail
- 2 oignons
- 4 tranches de bacon, sans la couenne
- 2 carottes
- 2 pommes de terre
- 2 branches de céleri
- 2 corps de calmar
- 12 crevettes crues
- 1 kg de filets de poisson blanc ferme, parés
- 2 cuill. à soupe d'huile végétale
- 2 cuill. à soupe de farine
- 50 cl de bouillon de poisson (voir la recette p. 113)
- 50 cl de lait entier
- 50 cl de crème fraîche épaisse
- 150 g de maïs en conserve, égoutté
- 1 kg de moules, rincées et ébarbées
- Sel et poivre blanc du moulin

Pour servir

- 4 cuill. à soupe de persil haché

Pour 4 à 6 personnes • Préparation : 30 min • Cuisson : 30 min • Difficulté : 2

1. Pelez l'ail et les oignons, puis hachez-les avec le bacon. Pelez les carottes et les pommes de terre, puis coupez-les en dés avec le céleri. Nettoyez les calmars et tranchez-les finement. Décortiquez, puis retirez la veine noire des crevettes. Détaillez le poisson en dés.
2. Dans un fait-tout, faites chauffer l'huile à feu moyen. Ajoutez l'ail, le bacon, les oignons, les carottes et le céleri. Saupoudrez de farine, salez et poivrez, puis faites revenir 5 minutes. Versez le bouillon, le lait et la crème fraîche, puis portez à ébullition. Ajoutez les pommes de terre avec le maïs et laissez mijoter 15 minutes à feu doux. Incorporez le poisson, les crevettes, les moules et les calmars, puis faites-les pocher de 8 à 10 minutes, jusqu'à ce que les moules s'ouvrent et que le poisson soit cuit à cœur.
3. Vérifiez l'assaisonnement. Répartissez la soupe dans quatre à six bols, parsemez de persil et servez.

Soupes sucrées

Soupe PÊCHES & RAISINS

- 50 cl de jus de raisin blanc
- 1 bâton de cannelle
- 2 clous de girofle
- 50 g de sucre en poudre très fin
- 1 cuill. à soupe d'eau de rose (dans les épiceries orientales)
- Le jus et le zeste finement haché de 1 orange non traitée
- 6 pêches jaunes
- 50 g de grains de raisin noir
- 50 g de grains de raisin blanc

Pour 4 à 6 personnes • Préparation : 15 min • Repos : 30 min • Cuisson : 10 min • Difficulté : 1

1. Mélangez le jus de raisin, la cannelle, les clous de girofle, le sucre, l'eau de rose, le jus et le zeste d'orange dans une casserole à feu moyen. Portez à ébullition, puis baissez le feu et laissez mijoter 10 minutes.
2. Retirez du feu et laissez infuser 30 minutes. Passez le sirop obtenu dans un chinois et laissez refroidir complètement.
3. Pelez les pêches. Hachez grossièrement cinq d'entre elles, puis coupez la pêche restante en petits dés avec les grains de raisin. Dans le bol d'un robot, réunissez les pêches hachées et le sirop, puis mixez pour obtenir un mélange lisse. Passez-le dans un chinois afin d'éliminer les résidus solides.
4. Répartissez la soupe dans quatre à six bols, garnissez des dés de pêche et de raisin, puis servez.

Si cette recette vous plaît, vous aimerez aussi...

Soupe AMANDES & MELON

Soupe glacée ANANAS & PIMENT

Soupe glacée MANGUES & PISTACHES

Soupe glacée aux FRUITS ROUGES

- 300 g de fraises
- 75 g de sucre glace
- 1/2 cuill. à café d'extrait de vanille
- 20 cl d'eau
- Le jus et le zeste finement haché de 1 citron vert non traité
- 75 g de mûres
- 75 g de myrtilles
- 75 g de framboises

Pour servir

- 25 cl de crème fraîche liquide

Pour 4 personnes • Préparation : 10 min • Réfrigération : 4 h • Difficulté : 1

1. Réunissez les fraises, le sucre, la vanille, l'eau, le jus et le zeste du citron vert dans le bol d'un robot. Mixez pendant 1 minute pour obtenir un mélange homogène. Passez la soupe obtenue dans un chinois afin d'éliminer les pépins. Réservez au moins 4 heures au réfrigérateur.
2. Répartissez les fruits rouges dans quatre bols, arrosez-les de soupe glacée et servez avec la crème fraîche à part.

Consommé glacé à la RHUBARBE

- 500 g de rhubarbe
- 100 g de sucre en poudre très fin
- 75 cl d'eau
- Le jus et le zeste finement râpé de 1 citron non traité
- 1/2 cuill. à café d'extrait de vanille
- 150 g de mascarpone
- 75 cl de crème fraîche épaisse
- 2 cuill. à soupe de sucre glace
- 75 g de myrtilles

Pour 4 à 6 personnes • Préparation : 30 min • Cuisson : 20 à 25 min • Réfrigération : 4 h • Difficulté : 2

1. Épluchez les tiges de rhubarbe en réservant les pelures. Détaillez 1 tige en dés, puis hachez grossièrement les autres. Dans une casserole, réunissez la rhubarbe hachée, les pelures, le sucre en poudre, l'eau, le jus et le zeste de citron. Laissez mijoter de 10 à 15 minutes à feu moyen, jusqu'à ce que la rhubarbe soit tendre. Retirez du feu, passez le tout dans un chinois et jetez les ingrédients solides.
2. Laissez mijoter 25 cl du sirop obtenu et les dés de rhubarbe dans une casserole à feu doux 10 minutes. Passez le tout dans un chinois au-dessus du sirop restant, puis laissez refroidir. Réservez séparément les dés de rhubarbe et le sirop pendant au moins 4 heures au réfrigérateur.
3. Mélangez la vanille et le mascarpone dans un petit saladier. Dans un bol, fouettez la crème fraîche avec le sucre glace, puis incorporez-la au mascarpone. Réservez au frais.
4. Répartissez les dés de rhubarbe et les myrtilles dans quatre à six verrines. Arrosez-les de sirop, puis garnissez d'une cuillerée de crème au mascarpone et servez.

Chocolat CHAUD

Pour 4 à 6 personnes • Préparation : 15 min •
Cuisson : 10 min • Difficulté : 1

- 85 g de cacao en poudre non sucré
- 100 g de sucre en poudre
- 1 cuill. à café d'extrait de vanille
- 1 cuill. à café de cannelle en poudre
- 1 l de lait
- 50 cl de crème fraîche épaisse

1. Réunissez le cacao, le sucre, la vanille et la cannelle dans un grand saladier. Ajoutez 10 cl de lait, puis mélangez pour obtenir une consistance lisse. Dans une casserole, faites chauffer le reste du lait avec 40 cl de crème fraîche, jusqu'à frémissement, mais sans porter à ébullition.
2. Versez le mélange au lait chaud dans le mélange au cacao. Remuez bien et reversez le tout dans la casserole. Laissez mijoter 1 ou 2 minutes à feu moyen, jusqu'à ce que le liquide épaississe légèrement.
3. Fouettez la crème fraîche restante, jusqu'à ce qu'elle épaississe. Répartissez le chocolat chaud dans quatre à six bols, garnissez de 1 cuillerée de crème fouettée, puis saupoudrez du cacao restant.

Soupe CHOCOLAT & CERISES

Pour 4 à 6 personnes • Préparation : 10 min •
Cuisson : 5 min • Difficulté : 1

- 150 g de chocolat noir
- 25 cl de lait concentré sucré
- 50 cl de lait entier
- 1 cuill. à café d'extrait de vanille
- 3 cuill. à soupe de liqueur de noisettes (chez un caviste)
- 60 g de noisettes
- 120 g de cerises

1. Râpez grossièrement le chocolat. Dans une casserole, faites chauffer à feu doux le lait concentré avec le lait entier, la vanille et la liqueur. Portez à ébullition, puis incorporez le chocolat et retirez du feu. Laissez légèrement refroidir.
2. Faites griller les noisettes à sec dans une poêle antiadhésive, puis hachez-les. Dénoyautez, puis hachez les cerises. Répartissez la soupe de chocolat dans quatre à six bols, garnissez de cerises et de noisettes, puis servez.

Soupe AMANDES & MELON

Pour 4 personnes • Préparation : 10 min •
Cuisson : 5 à 8 min • Réfrigération : 2 h • Difficulté : 1

- 90 g d'amandes non émondées
- 35 cl d'eau
- 1 melon cantaloup
- 2 cuill. à soupe de miel
- 1 cuill. à soupe de jus de citron vert
- 1 pincée de sel

Pour servir

- 4 à 6 rondelles de citron vert

1. Préchauffez le four à 180 °C (therm. 6). Mettez les amandes dans un plat allant au four et enfournez pour 5 à 8 minutes, jusqu'à ce qu'elles soient légèrement dorées.
2. Transférez les amandes dans le bol d'un robot, ajoutez l'eau, puis mixez jusqu'à obtenir un mélange homogène. Passez-le dans un chinois, jetez les résidus solides et reversez le lait d'amandes obtenu dans le bol du robot.
3. Prélevez la chair du melon et ajoutez-la au lait d'amandes avec le miel, le jus de citron vert et le sel. Mixez pour obtenir une soupe lisse, transvasez dans un saladier, puis réservez au moins 2 heures au réfrigérateur.
4. Répartissez la soupe dans quatre bols, garnissez de tranches de citron vert, puis servez.

Soupe glacée aux GRIOTTES

Pour 4 à 6 personnes • Préparation : 10 min •
Cuisson : 5 min • Réfrigération : 2 h • Difficulté : 1

- 500 g de griottes dénoyautées au sirop, en bocal
- 1 ½ cuill. à café de fécule de maïs
- 10 cl d'eau
- 1 cuill. à soupe de sucre en poudre
- 2 cuill. à soupe de jus de citron
- 25 cl de crème aigre (ou de crème fraîche additionnée de quelques gouttes de jus de citron vert)

1. Égouttez les griottes et réservez. Versez le sirop dans une casserole de taille moyenne.
2. Délayez la fécule de maïs avec l'eau dans un petit bol et versez le mélange sur le sirop dans la casserole. Portez à ébullition, puis laissez mijoter 5 minutes, en remuant constamment. Ajoutez le sucre et le jus de citron, puis mélangez. Placez la préparation 1 heure au réfrigérateur.
3. Réservez un peu de crème aigre et quelques griottes pour servir, puis incorporez le reste à la préparation précédente. Placez à nouveau 1 heure au réfrigérateur.
4. Versez la soupe glacée dans des bols ou des verrines. Garnissez avec la crème aigre et les griottes restantes, puis servez.

Soupe glacée ANANAS & PIMENT

- 1 ananas
- 50 g de cassonade
- 1 pincée de piment en poudre
- 30 cl d'eau
- 35 cl de jus de pomme
- 1 cuill. à soupe de menthe hachée

Pour servir

- 10 cl de yaourt à la grecque

Pour 4 personnes • Préparation : 15 min • Réfrigération : 2 h • Cuisson : 30 min • Difficulté : 2

1. Préchauffez le four à 180 °C (therm. 6). Pelez l'ananas, ôtez le cœur, puis hachez grossièrement la chair.
2. Réunissez la chair d'ananas, la cassonade, le piment et 10 cl d'eau dans un plat allant au four. Enfournez pour 30 minutes, jusqu'à ce que l'ananas soit tendre et le sucre caramélisé. Laissez refroidir.
3. Transférez le tout dans le bol d'un robot, puis ajoutez l'eau restante, le jus de pomme et la menthe. Mixez jusqu'à obtention d'une soupe lisse. Réservez au moins 2 heures au réfrigérateur.
4. Répartissez la soupe glacée dans quatre bols, garnissez d'une cuillerée de yaourt, puis servez.

Soupe glacée MANGUES & PISTACHES

- 3 gousses de cardamome
- 60 cl d'eau
- 30 cl de jus d'orange
- 2 cuill. à soupe de sirop de fleur d'oranger
- 1/2 cuill. à café d'extrait de vanille
- 100 g de sucre en poudre très fin
- 2 mangues bien mûres
- 50 g de pistaches décortiquées non salées

Pour 4 à 6 personnes • Préparation : 15 min • Cuisson : 5 min • Repos : 20 min • Réfrigération : 2 h • Difficulté : 1

1. Écrasez les gousses de cardamome et mettez-les dans une casserole. Ajoutez l'eau, le jus d'orange, le sirop de fleur d'oranger, la vanille et le sucre. Faites chauffer à feu moyen jusqu'à ébullition, puis retirez et laissez infuser 20 minutes. Pendant ce temps, pelez les mangues, dénoyautez-les et hachez grossièrement la chair. Réservez.
2. Passez le liquide infusé dans un chinois au-dessus d'un saladier et laissez refroidir complètement. Transvasez dans le bol d'un robot, ajoutez la chair des mangues et mixez le tout pendant 1 minute pour obtenir un mélange lisse. Réservez au moins 2 heures au réfrigérateur.
3. Pilez les pistaches dans un mortier. Répartissez la soupe glacée dans quatre à six bols, parsemez de pistaches, puis servez.

Chocolat chaud au THÉ MASALA & CAFÉ

- 90 g de chocolat noir
- 18 cl de crème fraîche épaisse
- 50 cl de lait entier
- 4 cuill. à soupe de café lyophilisé
- 4 cuill. à soupe de thé masala
- 75 g de sucre en poudre très fin
- 1 cuill. à café de fécule de maïs
- 2 cuill. à soupe d'eau

Pour 4 à 6 personnes • Préparation : 10 min • Cuisson : 5 à 10 min • Difficulté : 1

1. Hachez 60 g de chocolat noir, râpez le reste, puis réservez. Dans une casserole, faites chauffer la crème fraîche, le lait, le café, le thé et le sucre à feu doux. Laissez mijoter, jusqu'à ce que le sucre soit dissous. Ajoutez le chocolat haché et remuez, jusqu'à ce qu'il fonde.
2. Délayez la fécule de maïs dans l'eau dans un petit bol. Incorporez ce mélange au chocolat chaud et laissez mijoter 2 ou 3 minutes, jusqu'à ce qu'il épaississe légèrement.
3. Retirez du feu, passez le mélange dans un chinois et jetez les résidus solides. Répartissez dans quatre à six verrines, saupoudrez de chocolat râpé et servez.

Crème anglaise aux COOKIES

- 35 cl de lait entier
- 30 cl de crème fraîche épaisse
- 1 cuill. à café d'extrait de vanille
- 1 bâton de cannelle
- Les jaunes de 2 gros œufs
- 50 g de sucre en poudre très fin
- 3 ou 4 biscuits au chocolat (type cookies)

Pour 4 à 6 personnes • Préparation : 5 min • Cuisson : 10 min • Repos : 10 min • Difficulté : 2

1. Réunissez le lait, la crème fraîche, la vanille et la cannelle dans une casserole. Faites chauffer à feu moyen, portez à ébullition, puis retirez du feu. Laissez infuser 10 minutes. Jetez le bâton de cannelle.
2. Fouettez les jaunes d'œufs avec le sucre dans un saladier, jusqu'à ce que le mélange blanchisse. Sans cesser de fouetter, incorporez progressivement le contenu de la casserole au mélange.
3. Reversez le tout dans la casserole. Faites chauffer à feu doux en remuant constamment avec une cuillère en bois, jusqu'à ce que la préparation nappe le dos de la cuillère. Retirez du feu et passez la crème obtenue dans un chinois.
4. Écrasez grossièrement les cookies. Répartissez la crème dans quatre à six bols, garnissez de miettes de cookies et servez tiède.

9
8
7
6
5
4
3
2
1
½

Bouillons de base

Bouillon de POISSON

- 3 kg d'arêtes et de parures de poisson
- 3 gousses d'ail
- 2 oignons
- 2 poireaux
- 2 branches de céleri
- 2 feuilles de laurier
- 3 brins de persil
- 6 grains de poivre blanc
- 1/2 cuill. à café de graines de fenouil
- 3 l d'eau froide
- Gros sel et poivre du moulin

Pour 3 l environ • Préparation : 20 min • Cuisson : 30 min • Difficulté : 1

1. Rincez les arêtes et les parures de poisson sous l'eau froide. Pelez l'ail et les oignons, puis émincez-les avec les poireaux et le céleri.
2. Réunissez tous les ingrédients dans un grand fait-tout. Portez à ébullition, puis baissez le feu. Laissez mijoter 30 minutes à feu doux. À l'aide d'une écumoire, retirez régulièrement l'écume et la pellicule grasse qui se forment à la surface du bouillon.
3. Retirez du feu. Passez le bouillon dans un chinois et jetez tous les ingrédients solides.
4. Utilisez le bouillon immédiatement ou laissez-le refroidir. Il se conserve 4 jours au réfrigérateur et jusqu'à 6 mois au congélateur.

Si cette recette vous plaît, vous aimerez aussi...

93

Bourride à l'AÏOLI

101

Chowder de FRUITS DE MER

118

Bouillon de CREVETTES

Ce bouillon cuit pendant de longues heures mais le résultat est un tel délice que vous ne regretterez pas d'avoir patienté. Une astuce ? Grâce à cette recette, qui permet d'obtenir une quantité importante, congelez le bouillon dans des moules à muffin. Lorsqu'il s'est solidifié, démoulez les portions et transférez-les dans des sachets de congélation.

Bouillon de BŒUF

- 2 gros os de bœuf
- 5 cuill. à soupe d'huile d'olive vierge extra
- 2 oignons
- 2 gousses d'ail
- 3 grosses carottes
- 3 branches de céleri
- 2 poireaux
- 2 feuilles de laurier
- 6 brins de thym
- 3 brins de persil
- 10 grains de poivre blanc
- 2 cuill. à soupe de concentré de tomates
- 1 l de vin rouge
- Gros sel et poivre du moulin

Pour 5 l environ • Préparation : 30 min • Cuisson : 7 à 9 h • Difficulté : 2

1. Préchauffez le four à 200 °C (therm. 6-7). Disposez les os de bœuf dans un grand plat allant au four, puis arrosez-les de 3 cuillerées à soupe d'huile d'olive. Enfournez pour 1 heure, jusqu'à ce que les os soient grillés et caramélisés.
2. Pelez les oignons, l'ail et les carottes, puis hachez grossièrement tous les légumes. Dans un grand fait-tout, faites chauffer le reste d'huile d'olive à feu vif. Ajoutez les légumes préparés, puis faites-les revenir jusqu'à ce qu'ils soient dorés. Salez et poivrez.
3. Ajoutez le laurier, le thym, le persil, les grains de poivre et le concentré de tomates, puis laissez cuire 1 minute. Versez le vin rouge et faites réduire, jusqu'à obtention d'un sirop. Incorporez les os de bœuf, couvrez d'eau froide et portez à ébullition. Laissez mijoter de 6 à 8 heures, en retirant l'écume et la pellicule grasse de la surface à l'aide d'une écumoire.
4. Ôtez du feu et passez le bouillon dans un chinois. Jetez les ingrédients solides. Utilisez le bouillon immédiatement ou laissez-le refroidir. Il se conserve 4 jours au réfrigérateur et jusqu'à 6 mois au congélateur.

Si cette recette vous plaît, vous aimerez aussi…

113
Bouillon de POISSON

116
Bouillon de LÉGUMES

117
Bouillon de VOLAILLE

GILL 2
CUP 1

Bouillon de LÉGUMES

- 2 oignons
- 2 gousses d'ail
- 3 grosses carottes
- 2 poireaux
- 2 feuilles de laurier
- 6 brins de thym
- 3 brins de persil
- 10 grains de poivre blanc
- Gros sel et poivre du moulin

Pour 5 l environ • Préparation : 15 min • Cuisson : 1 h • Difficulté : 1

1. Pelez les oignons, l'ail et les carottes, puis hachez grossièrement tous les légumes. Réunissez tous les ingrédients dans un grand fait-tout, couvrez d'eau froide et portez à ébullition. Baissez le feu et laissez mijoter 1 heure.
2. Retirez du feu et passez le bouillon dans un chinois. Jetez tous les ingrédients solides.
3. Laissez refroidir. Utilisez le bouillon immédiatement ou conservez-le 4 jours au réfrigérateur et jusqu'à 6 mois au congélateur.

Bouillon de VOLAILLE

- 2 kg d'os de poulet
- 2 oignons
- 4 gousses d'ail
- 2 poireaux
- 3 branches de céleri
- 8 brins de thym
- 2 feuilles de laurier
- 10 grains de poivre blanc
- Gros sel et poivre du moulin

Pour 5 l environ • Préparation : 15 min • Cuisson : 4 à 6 heures • Difficulté : 1

1. Rincez les os de poulet sous l'eau froide. Pelez les oignons et l'ail, puis hachez grossièrement tous les légumes.
2. Réunissez tous les ingrédients dans un grand fait-tout. Couvrez d'eau froide, portez à ébullition, puis baissez le feu. Laissez mijoter de 4 à 6 heures, en retirant régulièrement l'écume et la pellicule grasse de la surface à l'aide d'une écumoire.
3. Ôtez du feu et passez le bouillon dans un chinois. Jetez tous les ingrédients solides.
4. Laissez refroidir. Utilisez le bouillon immédiatement ou conservez-le 4 jours au réfrigérateur et jusqu'à 6 mois au congélateur.

Avec cette recette, vous obtiendrez un bouillon de crevettes exceptionnel, idéal pour préparer une bisque de crevettes (voir la recette p. 100) ou d'autres soupes à base de poisson.

Bouillon de CREVETTES

- 2 oignons
- 2 gousses d'ail
- 2 carottes
- 2 branches de céleri
- 1 kg de crevettes grises
- 5 cuill. à soupe de concentré de tomates
- 500 g de tomates
- 3 cuill. à soupe d'huile d'olive vierge extra
- 50 cl de vin blanc sec
- 2 l d'eau froide
- Gros sel et poivre du moulin

Pour 1,5 l environ • Préparation : 15 min • Cuisson : 2 h • Difficulté : 1

1. Préchauffez le four à 200 °C (therm. 6-7). Pelez les oignons, l'ail et les carottes, puis hachez-les avec le céleri et les tomates. Dans un plat allant au four, réunissez-les avec les crevettes et le concentré de tomates. Arrosez d'huile d'olive, salez et poivrez, puis mélangez bien. Enfournez pour 45 minutes.
2. Transférez le contenu du plat dans un grand fait-tout. Versez le vin blanc, puis laissez mijoter à feu moyen, jusqu'à ce que le liquide se soit évaporé presque complètement. Ajoutez l'eau et laissez mijoter 1 heure.
3. Transvasez le liquide et tous les ingrédients solides dans le bol d'un robot, en procédant en plusieurs fois si nécessaire. Mixez de 10 à 15 secondes, puis passez le bouillon obtenu dans un chinois et jetez les résidus solides.
4. Laissez refroidir. Utilisez le bouillon immédiatement ou conservez-le 4 jours au réfrigérateur et jusqu'à 6 mois au congélateur.

Si cette recette vous plaît, vous aimerez aussi...

100
Bisque de CREVETTES

113
Bouillon de LÉGUMES

116
Bouillon de POISSON

INDEX